Wolfgang Scholz

Unterwegs nach Santiago…

…auf dem Jakobsweg

von Trier nach Vézelay

Band 2

MIX
Papier aus verantwortungsvollen Quellen
Paper from responsible sources
FSC® C105338

Meinem Bruder Martin gewidmet

1969 - 2012

Bibliografische Information der Deutschen Nationalbibliothek

Die Deutsche Nationalbibliothek verzeichnet diese Publikation in der Deutschen Nationalbibliografie; detaillierte bibliografische Daten sind im Internet unter dnb.d-nb.de abrufbar.

Der Nachdruck, die Übersetzung, die Entnahme von Abbildungen, Karten, Symbolen, die Wiedergabe auf fotomechanischem Wege (z.B. Fotokopie) sowie die Verwertung auf elektronischen Datenträgern, die Einspeicherung in Medien wie Internet (auch auszugsweise) sind ohne vorherige schriftliche Genehmigung des Autors unzulässig und strafbar.

2. Auflage 2016

© 2010/ 2016 Wolfgang Scholz

Internet: www.Jakobsweg-in-Deutschland.de

Fotos: Wolfgang Scholz

Herstellung und Verlag:
BoD-Books on Demand, Norderstedt
ISBN: 978-3-7322-8037-7

Inhalt

Über den Autor... 7

Einleitung... 7

Jakobsweg von Trier nach Vézelay

07.07.2010	Von Trier nach Merzkirchen.............................	9
08.07.2010	Merzkirchen..	14
14.06.2011	Von Merzkirchen nach Schengen......................	15
15.06.2011	Von Schengen nach Kédange-sur-Canner...........	18
16.06.2011	Von Kédange-sur-Canner nach Metz.................	22
17.06.2011	Von Metz nach Pont-á-Mousson.......................	29
18.06.2011	Von Pont-á-Mousson nach Dieulouard...............	33
19.06.2011	Pont-á-Mousson...	36
21.05.2012	Von Dieulouard nach Liverdun.........................	37
22.05.2012	Von Liverdun nach Nancy...............................	40
23.05.2012	Von Nancy nach Toul.....................................	47
24.05.2012	Von Toul nach Montigny-les-Vaucouleurs...........	50
25.05.2012	Von Montigny nach Grondecourt-le-Château.......	54
26.05.2012	Von Gondrecourt-le-Château nach Joinville.........	58
27.05.2012	Von Joinville nach Colombey-les-Deux-Églises.....	62
28.05.2012	Von Colombey-les-Deux-Églises nach Clairvaux...	69
29.05.2012	Bar-sur-Aube - Paris - Saarbrücken - Koblenz.......	71
27.05.2013	Koblenz - Paris - Clairvaux..............................	72
28.05.2013	Von Clairvaux nach Essoyes............................	75
29.05.2013	Von Essoyes nach Les Riceys..........................	78

30.05.2013	Von Les Riceys nach Étourvy............................	**82**
31.05.2013	Von Étourvy nach Tonnerre...............................	**83**
01.06.2013	Von Tonnerre nach Chablis...............................	**90**
02.06.2013	Von Chablis nach Auxerre...............................	**93**
03.06.2013	Von Auxerre nach Cravant..............................	**97**
04.06.2013	Von Cravant nach Vézelay..............................	**99**
Etappenübersichten..		**110**

Über den Autor

Wolfgang Scholz, Jahrgang 1965, wurde in Stolberg im Rheinland geboren und ist in Bad Ems an der Lahn aufgewachsen. Er ist verheiratet, hat einen Sohn und lebt in Koblenz.

Er betreibt seit einigen Jahren eine Website über vornehmlich heimische Jakobswege. Hierbei legt er den Schwerpunkt auf eine Sammlung von Pilgerstempeln aus Deutschland sowie seine eigenen Pilgerberichte.

Im Oktober 2008 hat er begonnen, sich etappenweise von Wetzlar über Trier und Vézelay auf den Weg nach Santiago de Compostela zu begeben. Daneben ist er auch auf den Jakobswegen rund um seinen Wohnort unterwegs.

Einleitung

Es ist geschafft - ich bin in Vézelay angekommen. Vézelay ist für mich eine emotionale Sache, ein erstes richtiges Ziel auf dem Weg an den Atlantik. Ich durchschreite die Porte Neuve, wie schon ungezählte Pilger aus ganz Europa in den vergangenen Jahrhunderten. Auch wenn heute der Kommerz in dem Städtchen Einzug gehalten hat, spüre ich den Geist vergangener Tage. Unsere Unterkunft, eine ehemalige Herberge mit Ursprung aus dem 10. Jahrhundert, verstärkt dieses Gefühl des Vergangenen.

Es geht aufwärts durch die Rue Saint Pierre bis zu einem Platz. Dahinter befindet sich am höchsten Punkt der Stadt die Basilika Sainte Marie-Madeleine. Die Vorhalle ist recht dunkel, doch wenn man durch das innere Portal den Kirchenraum betritt, erstrahlt der noch weit entfernte Chor in einer frohen Helligkeit und zieht mich an. Dort ist das Ziel dieses Abschnittes. Viele weitere Schritte sollen in den nächsten Jahren noch folgen.

Ohne den Rückhalt meiner lieben Frau und meines Sohnes könnte ich meine Pilgerwanderungen nicht durchführen, geschweige denn meine Erlebnisse niederschreiben. Das kostet sehr viel Zeit, die sie mir geben. Meiner Mutter danke ich sehr herzlich für das akribische Korrekturlesen meiner Manuskripte. Zu guter Letzt ein großer Dank an meinen Pilgerbruder Jörg, mit dem ich inzwischen viele Kilometer gemeinsam unterwegs war und noch hoffentlich sein werde.

Koblenz, im September 2013   Wolfgang Scholz

Mittwoch, 7. Juli 2010
Von Trier nach Merzkirchen (32 km)

Der Mosel-Camino ist geschafft. Ich übernachte heute in der alten Römerstadt Trier im Warsberger Hof, habe aber nicht gut geschlafen. Spät am Abend haben Jugendliche im Haus einen Heidenlärm gemacht, sodass es mir zunächst schwerfiel, einzuschlafen. Nachts bin ich öfter aufgewacht und habe beschlossen, vor dem Frühstück zum Gottesdienst in den Dom zu gehen. Auf dem Weg dorthin werden auf dem Marktplatz schon die ersten Stände aufgebaut, Blumen oder Obst könnte ich bereits kaufen. Um kurz vor sieben Uhr betrete ich den Dom. Es sind alle Portale weit geöffnet, einige Menschen sind bereits auf den Beinen und in Gebete vertieft. Der Gottesdienst findet in der Ostkrypta direkt unter dem Hochaltar statt. Ich muss also den ganzen Dom durchqueren. Neben dem Marienaltar führt eine Treppe in die Krypta hinab. Bevor ich diese benutze, entzünde ich für meine Familie noch ein paar Opferkerzen.

In der Krypta hängt eine große Tafel mit den eingravierten Namen sämtlicher bisheriger Trierer Bischöfe. Hier befindet sich auch die Bischofsgruft. Zum Gottesdienst haben sich cirka 20 Leute eingefunden, er wird durch neun Geistliche zelebriert. Nach einer guten halben Stunde bin ich wieder auf dem Weg zum Warsberger Hof und nehme mein Frühstück ein. Es gibt neben Brötchen frisches Obst, Müsli, Wurst, Käse, Honig, Marmelade...also alles ausreichend vorhanden. Nach dem üppigen Frühstück mache ich mich marschbereit. Ich versorge noch einmal meine Füße, ziehe mich an und schnalle mir den Rucksack auf. Nachdem ich an der Rezeption ausgecheckt und den Schlüssel abgegeben habe, bin ich wieder auf dem Weg, und zwar auf einem ganz besonderen: dem Jakobsweg von Trier nach Vézelay. Ich wähle eine touristische Route durch Trier und laufe erst zum Dom, danach zur Konstantin-Basilika und dem Kurfürstlichen Schloss, anschließend zu den

Kaiserthermen. Dort biege ich in die „Matthiasstraße". Diese zieht sich sehr in die Länge, endet aber schließlich erwartungsvoll vor der Matthias-Basilika. Die Kirche erschlägt mich fast, ehe ich sie betrete. Sie ist monumental in die Höhe gebaut, innen lichtdurchflutet und somit einem Apostelgrab würdig. Allerdings wirkt die Grabesnische mit dem schlichten Sarkophag des Apostels in der Krypta irgendwie schmucklos und einfach. Im Vergleich zu Santiago gibt es hier in Trier keinen großen Prunk, lediglich vor dem Altar liegt über dem Grab ein uraltes Relief des Apostels.

Apostelgrab in Trier: Basilika St. Matthias.

Nach der Besichtigung der Basilika bekomme ich noch nebenan bei der Pforte der Benediktinerabtei einen Stempel für meinen Pilgerpass. Weiter geht es über den asphaltierten Mosel-Radweg in Richtung Konz. Hier spüre ich bei jedem Schritt meine Fußblasen, ich hoffe, es wird nicht schlimmer! An einem Hinweisschild verlasse ich den Radweg, um mir das frühere Kloster Karthaus anzusehen. Irgendwie verpasse ich eine Abzweigung und laufe einen großen Bogen um das Kloster. Leider besteht nur die Möglichkeit, alles von außen zu betrachten, die Kirche ist noch verschlossen. Anstatt wieder zur Mosel zurückzukehren, bleibe ich auf der vor dem Kloster verlaufenden Straße und gehe in Richtung Stadtmitte. Es dauert eine ganze Weile, bis ich über einen Überflieger die Schienenwege überquere. Dabei grüßen mich zwei junge Leute und wünschen mir einen guten Weg. Da nach meinen Unterlagen das katholische Pfarramt erst am Nachmittag öffnet, versuche ich, im Rathaus einen Stempel zu bekommen. An der Pforte werde ich aber an die Tourist-Information verwiesen. Diese befindet sich nur zwei Ecken weiter.

Tatsächlich bekomme ich dort einen schönen, aber großen Stempel von Konz. Nach einem Schluck aus der Wasserflasche laufe ich weiter, überquere die Saar und gelange in ein Gewerbegebiet. Dort beginnt ein Radweg, der bis nach Tawern führt. Zum Glück spenden am Rande stehende Bäume etwas Schatten, denn die Temperaturen sind wieder angestiegen. Ich komme an einer Teichanlage vorbei, wo zwei Männer versuchen, einen guten Fang zu machen. Auf einmal beginnt der Weg langsam, später stärker anzusteigen. Er geht nun schnurgeradeaus, am Horizont sind die ersten Häuser von Tawern zu erkennen. Weit vor mir entdecke ich einen Wanderer mit Rucksack und Hut. Ist das vielleicht der Pilger, der auch im Warsberger Hof in Trier übernachtet hat? Kurz darauf bin ich in Tawern, einem eher landwirtschaftlich geprägten Örtchen. Ich kaufe mir in einer Bäckerei neue Getränke und versorge mich in einer Bank mit Geld. Gerade noch schaffe ich es, im

Büro der katholischen Pfarrei St. Peter und Paul einen weiteren Pilgerstempel zu erhalten. Nach der Besichtigung der Kirche lasse ich mir bewusst Zeit, auf der Kirchtreppe etwas Obst zu essen und Fruchtsaft zu trinken. Dann verlasse ich Tawern und biege an zwei „schuhkarton-artigen Häusern" (so steht es in meinem Pilgerführer) nach rechts ab und folge zunächst einer Straße und danach einem Waldpfad aufwärts zu einer römischen Tempelanlage auf den Metzenberg. Das Gelände wurde Mitte der Achtziger des vergangenen Jahrhunderts ausgegraben und rekonstruiert. Es befindet sich in einem sehenswerten und lehrreichen Zustand und bringt dem Besucher die antike Kultstätte plastisch näher.

Vom Tempelbezirk führt der Jakobsweg weiter auf einer alten Römerstraße in Richtung Kümmern. Unterhalb des Örtchens liegt Mannebach, da möchte ich aber heute aufgrund der Höhenunterschiede und meiner schmerzenden Füße nicht hin. Vielmehr geht es in Kümmern eine Landstraße steil hoch, bevor der Weg neben einem Haus als schmaler Pfad fortgesetzt wird. Er zieht sich durch ein Stückchen kühlen Wald und schon bald tauchen die ersten Häuser von Fisch auf. Ich gelange an einen Brunnen, der nebendran mit dem Wappen des Ortes, das eine Jakobsmuschel enthält, verziert ist. Auf einer Bank sitzt ein junger Mann mit Rucksack und einem Stetson auf dem Kopf. Er lächelt, kommt auf mich zu und wir begrüßen uns. Es bedarf keiner Worte, wir erkennen in dem Gegenüber sofort den Pilger. Er nennt mir zwar seinen Namen, aber ich muss gestehen, dass er mir entfallen ist und ich zu blöd bin, nochmal nachzufragen. Daher nenne ich ihn Pasquale. Seine Mutter ist Spanierin und er kommt aus der Region Meckenheim, hat in diesem Jahr Abitur gemacht und pilgert seit zehn Tagen, von Bonn durch die Eifel nach Perl und Schengen. Wir beschließen, nach einer unterhaltsamen Rast gemeinsam weiterzugehen. So ist das also, wenn sich zwei Pilger begegnen und austauschen. Für uns beide ist es eine Premiere, bisher sind wir stets alleine auf dem Camino unterwegs gewesen.

Unterhalb von Fisch besichtigen wir die Rehlinger St.-Jakobus-Kirche. Dort gibt es im Kichturm einen sehr schönen Jakobs-Stempel für den Pilgerpass. Wir tragen uns in das ausliegende Gästebuch ein, ich hinterlasse zusätzlich noch einen Abdruck meines eigenen Stempels. Nun sind es nur noch rund fünf Kilometer bis zu unserem gemeinsamen Ziel, der Pilgerherberge in Merzkirchen. Dort angekommen, teilt uns die „Herbergsmutter" Mary Hemmerling mit, dass alle Betten belegt seien. Doch sie bringt uns in ihrem eigenen Haus in einem Zimmer unter. Dort steht uns beiden ein einhundertvierzig Zentimeter breites Bett zur Verfügung. Nach einer erfrischenden Dusche trinken Pasquale und ich ein kühles alkoholfreies Weizenbier und unterhalten uns mit der Familie Hemmerling. Ich versorge dabei meine Blasen und komme zu der Entscheidung, morgen doch nicht weiter nach Perl zu laufen. Gegenüber der Herberge befindet sich eine Bushalte-stelle, dort soll morgen früh um sieben Uhr ein Bus nach Saarburg fahren. Ab da kann ich einen Zug über Trier nach Koblenz nehmen. Am Abend haben wir beide das Vergnügen, mit einer dreizehnköpfigen Damengruppe gemeinsam zu essen und das Halbfinale der Fußball-Weltmeisterschaft zwischen Spanien und Deutschland zu sehen. Vor einem Fenster, in dem der Fernseher steht, wird eine große Tafel aufgebaut. Jeder bekommt einen bunten Salatteller mit kalten Schweinemedaillonstreifen, dazu ein weiteres Weizenbier. Es schmeckt phantastisch. Gegen 22.30 Uhr beschließen Pasquale und ich, uns langsam zurückzuziehen. Ich zahle noch meinen Obolus und bekomme meinen Stempel. Pasquale überlässt mir nach kurzer Diskussion das Bett, das ich ihm eigentlich zur Nutzung freilassen wollte. Er selbst legt sich auf seiner Isomatte in den Schlafsack und macht sich auf dem Boden breit.

Donnerstag, 8. Juli 2010
Merzkirchen

Ich stehe frühzeitig auf, um den Bus um 7.00 Uhr zu bekommen. Ich mache mich reisefertig und verabschiede mich von Pasquale, wünsche ihm noch einen guten Camino. Ich verlasse das Haus und postiere mich an der Bushaltestelle. Leider kommt kein Bus. Eine Viertelstunde später tritt Pasquale aus dem Haus, um sich in der eigentlichen Herberge frisch zu machen. Wir verabschieden uns noch einmal. Ich beschließe schließlich, an die Hauptstraße zu gehen. Vielleicht nimmt mich ja jemand mit. Zu guter Letzt tausche ich meine Sandalen gegen die Wanderstiefel und laufe auf der Landstraße bis nach Saarburg. Kein Autofahrer macht irgendwelche Anstalten, mich trotz meines humpelnden Ganges mitzunehmen. Schließlich sollen es gute acht Kilometer sein, die ich laufen muss. Es geht sogar mit zunehmender Strecke immer besser, da hätte ich auch die zehn Kilometer mehr bis nach Perl laufen können. Aber egal, in Saarburg liegt der Bahnhof am anderen Ende der Stadt. Dort erwische ich rasch einen Zug nach Trier. Im Haupt-bahnhof habe ich auch endlich Gelegenheit, mir etwas zum Frühstück zu kaufen. Nur wenige Minuten später sitze ich im Regionalexpress nach Koblenz. In meiner unmittelbaren Nähe hat sich eine Gruppe junger Frauen niedergelassen, die ununterbrochen reden. Sie machen wohl einen Ausflug, den sie mit einer Flasche Sekt beginnen. Am frühen Nachmittag komme ich in Koblenz an und werde dort von meiner Frau am Bahnhof abgeholt. Irgendwann in der Zukunft werde ich meine Kilometer auf dem Jakobsweg in Richtung Santiago in Merz-kirchen beginnen lassen müssen. Jetzt heißt es erst einmal, den Rucksack in die Ecke stellen und die Wunden pflegen und ausheilen lassen.

Dienstag, 14. Juni 2011
Von Merzkirchen nach Schengen (24 km)

Nun ist der Tag endlich gekommen, an dem ich meinen Jakobsweg in Richtung Santiago fortsetzen werde. Dieses Mal gehe ich nicht alleine, Jörg aus dem Odenwald wird mich begleiten. Wir kennen uns von den Pilgerrüstzeiten der evangelischen Militärseelsorge Koblenz und Mainz, sind beide schon dreimal mitgepilgert. Im vergangenen Jahr hatten wir ausgemacht, den Weg nach Frankreich hinein gemeinsam zu gehen. Jörg kommt gegen 9:15 Uhr in Koblenz an und kurz darauf gehen wir zum Bahnhof. Wir fahren mit dem Zug über Trier nach Saarburg. Dort müssen wir in einen Bus umsteigen. Nach einigem Herumfragen, wo denn die betreffende Haltestelle sei, finden wir uns am Schulzentrum ein und warten. Wir warten vergebens, denn es kommt kein Bus. Jörg ruft die auf dem Fahrplan angegebene Nummer an. Hier wird uns sehr nett geholfen. Der Bus hätte wegen einer Baustelle keine Möglichkeit gehabt, die Haltestelle anzufahren. Man würde uns aber einen Kleinbus schicken, der uns dann zu unserem Ziel bringe. So geschieht es dann auch. Nur wenige Minuten später sitzen wir in einem Neunsitzer und werden nach Merzkirchen gefahren.

Wir werden in unmittelbarer Nähe der Pilgerherberge abgesetzt und begeben uns sofort auf den Weg. Es liegen rund 20 Kilometer vor uns. Zunächst begeben wir uns hinter dem Ort nach rechts auf einen Feldweg, der uns bald auf die historische Römerstraße führt. Hier geht es unendlich lange nur geradeaus. Kurz vor der Schutzhütte am Ehringer Berg machen wir an einer Sitzgruppe eine erste Trinkpause und trennen unsere Hosenbeine ab. Es ist inzwischen sehr sonnig und warm geworden. Wir überschreiten auf dem nächsten Abschnitt bis zum Örtchen Sinz die Grenze zwischen Rheinland-Pfalz und dem Saarland. Inzwischen verfolgt uns hartnäckig über unseren Köpfen eine dunkle Wolke. Wir müssen hier zudem einen

Höhenunterschied von achtzig Metern überwinden, die ersten Schweißperlen laufen ins Gesicht. Oben angelangt, werden wir links um einen Wald geleitet und folgen anschließend dem Saarland-Radweg nach Süden. Unterwegs erfreue ich mich immer wieder an den Früchten der zahlreichen Kirschbäume, die wir passieren. Schließlich durchlaufen wir eine erste Ortschaft, nämlich Borg. Hier hätten wir die Möglichkeit gehabt, eine Römervilla zu besichtigen, doch zusätzliche vier Kilometer wollen wir uns nicht antun. So belassen wir es bei dem Versuch, die am Weg gelegene katholische Kirche St. Johannis der Täufer zu besichtigen, landen aber leider vor einem verschlossenen Tor.

Hinter Borg haben wir erneut eine unendliche Gerade vor uns, an deren Ende wir die Autobahn 8 überqueren. Über eine kaum befahrene Straße erreichen wir zunächst den Pillingerhof, dann die Bundesstraße 407. Hier biegen wir nach rechts ab und laufen über einen Fahrradweg in die Weinberge. Die Wegweiser lassen uns darin eine Schleife laufen, dabei kommen wir an einer kleinen Kapelle sowie einigen Kreuzwegstationen vorbei. Schließlich sind wir in Sehndorf, einem Ortsteil von Perl. Wir passieren eine ganz neue deutsch-luxemburgische Schule, an deren Umgebung noch fleißig gearbeitet wird. Mitten in Perl werden wir von einer alten Dame angesprochen, die gerade ein Haus mit einer Jakobsmuschel verlässt. Sie fragt uns mit einem komischen Unterton nach unserem Weg und wo wir denn untergebracht seien. Wir vermuten, dass sie selbst Zimmer an Pilger vermietet und verärgert ist, weil wir bereits in der Jugendherberge in Remerschen gebucht haben. Dann meint sie noch, bis Kédange-sur-Canner seien es 37 Kilometer, also viel zu weit, und das Hotel dort würde auch keine Pilger aufnehmen. Jörg und ich schauen uns nur verdutzt an und sehen zu, dass wir weiterkommen. Wir möchten nicht von der schlechten Stimmung der Dame ergriffen werden. Wir gönnen uns in einem Café noch ein Eis und marschieren geradewegs auf die Moselbrücke zu. Dort erwartet uns ein blaues Schild, das uns darauf hinweist, dass wir bereits in Luxemburg sind.

Wir überqueren die Brücke und gehen weiter am Flussufer entlang. Es sind noch ein paar Meter bis zur Jugendherberge. Der Uferweg an der Mosel nimmt kurz darauf einen anderen Verlauf wie die Straße, doch wir beschließen, dort weiterzugehen. Das wiederum hat zur Folge, dass wir einen Umweg von gut zwei Kilometern in Kauf nehmen (den wir aber erst später zur Kenntnis nehmen werden). Wir orientieren uns an einem nicht ganz so deutlichen Stadtplan und laufen zunächst an einer Landstraße weiter und biegen in die nächste Einfahrt nach links ein. Hier scheinen wir auf dem richtigen Weg zu sein. Wir passieren unter Begleitung einiger weniger Regentropfen einen Badesee, einen Fußballplatz sowie eine recht neu aussehende Schule. Am Ende der Straße erreichen wir die Jugendherberge.

Dort werden wir von einer jungen Frau empfangen und füllen einen Gästebogen aus. Nach einigen Erläuterungen zum Haus und zu den Essenszeiten begeben wir uns zu unserem Zimmer. Wir sind überrascht: ein recht großer Raum mit hoher Decke, alles ist mit Holz verkleidet. Eine Tür führt nach draußen auf eine großzügige Terrasse. Dann beginnen wir, unsere Ausrüstung zu pflegen, Wäsche zu waschen und draußen aufzuhängen. Erst dann nutzen auch wir die Dusche und machen uns für das Abendessen fertig. Da wir großen Durst verspüren, bestellen wir zwei Flaschen Bier, die relativ schnell ausgetrunken sind. Wir müssen uns unbedingt angewöhnen, unterwegs mehr zu trinken. Nach einem leckeren Essen (Käsetoast, Königin-Pastete, Hühnerfrikassee, Möhren und Reis, als Dessert Erdbeeren) und zwei weiteren Flaschen Bier spazieren wir noch ein wenig durch Remerschen.

Mittwoch, 15. Juni 2011
Von Schengen nach Kédange-sur-Canner (32 km)

Wir haben heute Nacht viel Sauerstoff im Zimmer gehabt, denn wir haben die Tür zur Terrasse offen gelassen. Trotzdem haben wir nicht sehr gut geschlafen und sind schon recht früh wach. Vielleicht liegt das auch am Vollmond, den man gestern Abend noch gut beobachten konnte. Wir packen jedenfalls unsere Sachen zusammen, die gestern gewaschene Bekleidung ist schon trocken. Eine Ausnahme bilden meine Socken, die klemme ich an der Außenseite des Rucksackes in eine Schlaufe, wo sie unterwegs trocknen können. Dann steht das Frühstück an. Das Büffet ist nicht sonderlich groß, aber deckt doch alle Bedürfnisse ab. Es gibt keine Brötchen, sondern Brot, aber das finde ich gar nicht mal so dramatisch. Nach dem Frühstück checken wir schon einmal aus und überraschenderweise bekommen wir an der Rezeption sogar einen Stempel mit Jakobswegmotiv. Wir gehen noch einmal auf unser Zimmer, ziehen die Wanderstiefel an und schultern die Rucksäcke. Um 9:15 Uhr stehen wir vor der Jugendherberge zum Abmarsch bereit.

Es geht zunächst durch Remerschen, dann an der Landstraße entlang, bis wir die ersten Häuser von Schengen erreichen. Dort verlassen wir die gut befahrene Straße und weichen auf eine ruhigere Seitenstraße aus, die uns ebenfalls unmittelbar bis zur Moselbrücke bringt. Dort begeben wir uns auf den Uferweg und verlassen Schengen auf einem Fußweg seitlich der Hauptstraße. Nur wenig später sehen wir in einiger Entfernung das Grenzschild zu Frankreich. Wir biegen aber nach rechts in die Weinberge ab und gewinnen allmählich an Höhe. Schließlich pilgern wir hangparallel um den Stromberg herum und haben einen schönen Blick auf die andere Seite der Mosel nach Sierck-les-Bains mit seiner mittelalterlichen Burganlage. Wir überqueren aber erst bei Contz-les-Bains die Mosel. In Sierck-les-Bains machen wir am Ufer eine erste Trinkpause und holen uns danach beim örtlichen Postamt einen Stempel für den Pilgerausweis.

Der Pilgerführer hat uns schon vorgewarnt, es folgt ein längerer Anstieg mit dem steilsten Stück bis Vézelay. Beinahe wären wir auch noch falsch abgebogen, wenn uns nicht ein aufmerksamer Anwohner zu sich gerufen hätte. Zunächst spricht er französisch mit uns, bemerkt unsere Herkunft und wechselt in unsere Sprache, die er perfekt beherrscht. Er erläutert uns den richtigen Weg, und anhand seiner Beschreibung fällt es uns auch sehr leicht. Am Steilstück packt Jörg seine Stöcke aus und schiebt sich Stück für Stück nach oben. Wir sind froh, als wir diese Passage hinter uns haben. Oben angekommen, haben wir fast freien Blick auf die vier Kühltürme der Atomanlage Cattenom. Deren Anblick werden wir noch eine lange Zeit ertragen müssen. Es wird einem dabei richtig mulmig aufgrund der jüngsten Ereignisse.

Der nächste Abschnitt ist geprägt von Wiesen und Feldern, am Wegrand stehen Obstbäume. Bald sind wir wieder in bewohntem Areal, wir streifen Freching und gehen dann durch Kerling-lès-Sierck. Hinter diesem Örtchen haben wir für die nächsten sieben Kilometer das Vergnügen, einer etwas welligen aber kaum genutzten Straße zu folgen. An einem schönen Plätzchen am Straßenrand machen wir eine weitere Pause und essen und trinken etwas. Jörg klagt über ein leichtes Brennen an der Fußsohle. Am Ende der Straße erreichen wir Lémestroff, wo wir uns eine kleine Kirche ansehen. Nun überwinden wir einen kleineren Hügel, immer noch an der Landstraße entlang, und sind dann in Budling. Dahinter erklimmen wir über einen ausgewaschenen Waldweg den Kappesberg und stehen dann vor einem Bunker aus dem Zweiten Weltkrieg, der zu der Anlage „Ouvrage du Hackenberg" gehört. Etwas weiter treffen wir wieder auf einen Bunker, den man sogar besichtigen kann. Dafür haben wir aber keine Zeit und möchten bald unsere Unterkunft erreichen. Wir verweilen daher nur für eine kurze Trinkpause. Es geht nun leicht abwärts bis zur Hauptstraße, dort ist ein amerikanischer Panzer aufgestellt. Wir wenden uns nach rechts und dürfen einige Kilometer an einer Landstraße entlanglaufen.

Diese wird zu unserem Unmut recht gut genutzt, und Geschwindigkeitsbegrenzungen kennen die Franzosen wohl auch nicht. Da kann einem angst und bange werden. Wir durchqueren das Dorf Helling und können bald darauf etwas unterhalb von unserem Standort die nächste Straße sehen, auf die wir gleich einbiegen müssen. Wir entscheiden uns aber, eine Abkürzung zu nehmen und gehen quer über ein Feld. Dabei müssen wir zweimal unter einem Stacheldrahtzaun durchkriechen. Zum Glück ist der unterste Draht so hoch angebracht, dass wir relativ problemlos durchkommen. Plötzlich entdecken wir am Ende des eingezäunten Geländes eine Gruppe Rinder, mit denen wir keine Bekanntschaft machen möchten. Da bleibt uns nur die sofortige Flucht auf die Straße. Wir sind froh, als wir an einem Sportplatz das Ortseingangsschild von Kédange-sur-Canner passieren und danach relativ schnell vor unserem Hotel stehen. Übrigens: es waren doch nur 32 Kilometer.

Die Rezeption ist verwaist. Ein Schild bittet uns jedoch, im anliegenden Restaurant nach den Schlüsseln zu fragen. Den bekommen wir dort von der Eigentümerin, die bald auf die deutsche Sprache wechselt. Bevor wir das Zimmer beziehen, bestellen wir noch je ein großes und ein kleines Bier. Recht schnell ist Luft in den Gläsern und unser erster Durst gestillt. Jörg hat in der Zwischenzeit einen kleinen Laden entdeckt, in dem wir uns mit neuen Getränken eindecken wollen. Das funktioniert auch noch gerade so, denn wir ergattern die letzten vier Flaschen Wasser. Beim näheren Betrachten der weiteren Regale (die überwiegend leer sind), gibt es neben Nahrungsmitteln auch Bekleidung und Ähnliches zu kaufen, eine seltsame Zusammenstellung. Kurz darauf sind wir endlich in unserem Zimmer. Es läuft das gleiche Prozedere wie gestern ab: Ausrüstung versorgen, duschen, waschen, Wäsche aufhängen. Jörg hat sich tatsächlich unter einem Fuß eine blutige Blase gelaufen, das sieht nicht gut aus. Er klebt sich ein Compeed-Pflaster darauf. Hoffentlich geht das gut!

Unser Abendessen nehmen wir im Restaurant ein, das recht gut besucht ist. Wir entscheiden uns für das Büffet, das an diesem Abend angeboten wird. Es gibt Kartoffel- und Nudelsalate, Bratenscheiben, Schinken, Käse, Rote Beete, Thunfisch und Garnelen. Ich glaube, ich habe sogar einiges vergessen. Wir füllen uns den Teller zweimal und sind bald satt. In Gedanken bewegen wir uns schon auf unser Zimmer zu, da bringt uns die Bedienung noch je einen Teller mit einem Berg Nudeln und einer großen Portion Lachs. Damit hätten wir jetzt nicht gerechnet und schaffen es gerade noch so, den leckeren Fisch zu vertilgen. Die Nudeln müssen wir auf dem Teller belassen. Zum Abschluss gibt es sogar noch ein Eis. Kurz darauf fallen wir ins Bett und schlafen bald ein.

Donnerstag, 16. Juni 2011
Von Kédange-sur-Canner nach Metz (32 km)

Es ist gerade einmal 6:45 Uhr. Jörg und ich sind bereits wach, also machen wir uns auch fertig. Es schadet nichts, wenn wir etwas früher losgehen, denn bis Metz ist es eine etwas längere Etappe. Das Frühstück ist reichhaltig, es gibt Brötchen, Croissants, Kaffee, Milch, Tee und den üblichen Belag. Wir genießen das Frühstück und lassen uns dabei Zeit. Anschließend verpacken wir unsere Sachen, Jörg kümmert sich noch um seine Füße. Wir haben uns schon überlegt, die heutige Strecke etwas abzukürzen. Wir wären dann mit einer Eisenbahn, die nur noch für Touristen fährt, von Hombourg nach Vigy gefahren. Leider geht das nur an Sonn- und Feiertagen. Beim Auschecken bekommen wir noch einen tollen Jakobsweg-Stempel.

Bevor wir Kédange-sur-Canner verlassen, schauen wir uns die gegenüber dem Hotel liegende Kirche an. Die war gestern Abend bereits verschlossen. Nach ein paar besinnlichen Minuten verlassen wir den Ort endgültig. Heute soll es gemäß Wettervorhersage nicht so toll werden. Das bekommen wir an der nächsten Ecke auch schon zu spüren, denn es beginnt leicht zu regnen. Hätten wir doch gestern unsere Teller leer gegessen. Zum Glück sind wir gut ausgerüstet und so kommen unsere Ponchos zu ihrem ersten Einsatz. Wir werden sie auf unserem Weg nach und durch Hombourg eine gute Stunde lang über unsere Körper und Rucksäcke tragen. Wir laufen wieder einmal an einer Landstraße entlang, heute ist kaum Verkehr. Wir pilgern zunächst nach Budange und sehen bald vor uns das Örtchen Aboncourt. Wir passieren dabei einige Viehweiden und entdecken auf einer solchen einen sehr stämmigen Bullen, der kampflustig in unsere Richtung starrt. Jörg und ich sind beide der Meinung, dass man diesem besser nur in einem Restaurant beggegnen sollte. Unser Weg schlängelt sich durch das weite Land eines Bauernhofes, teilweise entlang der Trasse der Touristenbahn. In Saint Hubert machen wir eine erste kleine

Pause und ruhen uns auf einer Bank am Ortseingang aus. Nun erwartet uns wieder die Landstraße auf einer Strecke von vier Kilometern bis Vigy. Dort versuchen wir in einer Apotheke ein Desinfizierungsmittel für Jörgs Blasen zu bekommen. Die Verständigung mit dem Apotheker ist etwas schwierig. Schließlich bekommt Jörg eine Creme für seine Wunden. Zwei Ecken weiter betreten wir den Dorfplatz und schauen uns die Kirche an. Gegenüber entdecken wir eine Brasserie und bestellen uns jeder ein Sandwich und ein Bier zur Stärkung. Nach einer guten halben Stunde Pause machen wir uns wieder auf den Weg. Jörg wechselt kurz darauf noch einmal seine Socken, bevor die Landstraße unsere Begleiterin wird. Auf Höhe eines riesigen Umspannwerkes beginnt es zu regnen und wir werfen die Ponchos erneut über. Dieses Mal werden wir sie für fast neunzig Minuten tragen.

Unter einer Autobahnunterführung stellen wir uns unter. Wir merken aber bald, dass es wenig Sinn hat, auf das Ende des Regens zu warten. Also geht es weiter. Wir durchqueren drei kleinere Dörfer und stoßen erneut auf eine sehr stark befahrene Landstraße. Diese müssen wir auch noch steil bergauf erklimmen. Entgegenkommende Autos scheinen gerne den Schwung mitzunehmen und uns ein wenig zu ärgern. Wir erreichen nach zwei Kilometern die ersten Vororte von Metz und gehen nur noch abwärts. Das ist für Jörg allerdings nicht besonders erfreulich, seine Blasen machen ihm ganz schön zu schaffen. Unser Führer liest sich hier ein wenig missverständlich, wir landen mitten in einem Kreisverkehr. Dank Jörgs iPhone finden wir wieder auf den richtigen Weg zurück. Nach einer unendlich lang wirkenden Schleife, vorbei am Fort Bellecroix und der Porte des Allemands, erreichen wir in der Nähe des Hauptbahnhofes unser Hotel. Das Hotel Foch sieht von außen ganz nett aus. Die Rezeption befindet sich im ersten Stock, ab dort funktioniert auch erst der Lift. Wir werden von einem jungen Mann begrüßt, die weitere Unterhaltung findet überwiegend auf Englisch statt. Nachdem alle Formalitäten erledigt sind, fahren wir mit dem Lift in die dritte Etage. Unser Zimmer liegt etwas abseits von der Hauptstraße, ist zudem durch ein zweites Fenster ganz gut gegen den Straßenlärm isoliert. Es hätte aber augenscheinlich dringend eine Renovierung nötig. Die Einrichtung ist sehr spärlich. An den Wänden löst sich teilweise die altmodische Tapete an den Nähten und im Bad sind einige Fugen mit einem dunklen Schimmer versehen. Hier sollen wir also zwei Nächte aushalten. Auf dem Doppelbett befindet sich nur eine Decke, sodass wir uns spontan entschließen, nachts unsere Schlafsäcke zu nutzen.

Wir gehen duschen, lassen heute aber die große Wäsche sein, das verschieben wir auf unseren nächsten Übernachtungsort Pont-á-Mousson. Ich ziehe nur meine Socken schnell durch das Waschbecken. Jörg muss mit Entsetzen feststellen, dass er sich zwei weitere Blasen eingehandelt hat. An der Rezeption bekommen wir einen Tipp zum Einkaufen. Das Geschäft liegt nur cirka zweihundert Meter entfernt. Dort kaufen wir Wasser für die nächsten Tage und einige Dosen Cola für die schnelle Erfrischung ein. Auf dem Rückweg zum Hotel kommen wir an einem Restaurant vorbei, das uns bereits von außen her zusagt. Hier wollen wir gleich etwas essen gehen. Wir bringen unsere Einkäufe ins Zimmer und ziehen gleich wieder los. Eine Bedienung weist uns einen guten Platz zu und bringt uns die französischsprachige Speisekarte. Sie bemerkt aber, dass wir uns damit schwer tun und bringt uns eine andere in Englisch. Wir wählen ein Menu für zwanzig Euro, bestehend aus einem Salat mit Schinken, Ei und Käse, einem ordentlichen Stück gebratenem Rinderfilet (ob das unser Bulle von heute Morgen ist?) und als Dessert gibt es eine große Schale Mousse au Chocolat. Dabei genießen wir einen leckeren Bordeaux. Das ist ein toller Abschluss des heutigen Tages.

Am Ortseingang von Borg

Auf dem Weg nach Luxemburg

Blick auf Sierck-les-Baines

Große Wäsche in Kédange-sur-Canner

Kurze Rast am Ortseingang von Saint Hubert

Kathedrale St. Etienne in Metz

Traumhafte Idylle am Kanal hinter Metz

Blick auf Arnaville

Freitag, 17. Juni 2011
Von Metz nach Pont-á-Mousson (38 km)

Heute werde ich alleine laufen. Jörg möchte sich lieber ausruhen und seine Füße nicht zu sehr belasten. Morgen will er dann versuchen, wieder dabei zu sein. Bevor es losgeht, nehmen wir zwei Stockwerke tiefer unser Frühstück ein. Es gibt hier im Hotel kein Frühstücksbüffet, jeder Gast bekommt ein Tablett auf den Tisch gestellt. Darauf befindet sich je nach Wunsch ein Kännchen Kaffee, Kakao oder Tee, ein Brötchen, ein Croissant und ein Schokocroissant. Dazu gibt es portioniert Butter, Honig und Marmelade. Auf den ersten Blick erscheint das sehr spärlich, aber nachdem alles vertilgt ist, stellt sich doch ein Sättigungsgefühl ein. Wir gehen anschließend in unser Zimmer und ich packe meinen Rucksack. Ich nehme heute nur das Nötigste mit. Am Abend werde ich ja von meinem Etappenziel mit der Bahn nach Metz zurückfahren, da wir dort eine weitere Nacht verbringen werden.

Dann verlassen wir das Hotel und gehen zunächst in Richtung ehemalige Zitadelle, hinter der sich eine Kapelle des Templerordens befindet. Diese ist jedoch verschlossen. Über die Esplanade, einen schön angelegten Garten, gelangen wir ins Zentrum der Stadt. Nach einigen Ecken stehen wir auf dem Place Jean-Paul II und kommen aus dem Staunen nicht heraus. Vor uns baut sich monumental die Kathedrale Saint Etienne auf. Je näher wir dem Gotteshaus kommen, desto mächtiger erscheint das Bauwerk. Schon das Portal mit seinen zahlreichen Verzierungen und Statuen bannt die Blicke. Wir gehen links um die Kathedrale herum und suchen den Eingang. Diesen finden wir aber erst nach einer fast vollständigen Umrundung. Im Inneren werden wir von der großzügigen Räumlichkeit überrascht. Wir machen einen Rundgang durch die Kathedrale, schauen uns die Altäre in den Seitennischen oder uralte Fresken an den Pfeilern an. Besonders interessant sind die bunten Fenster von Marc Chagall, die sich trotz der kräftigen Farben harmonisch in das Ganze einfügen. Bevor wir die Kathedrale verlassen, bekommen wir noch einen Stempel für den Pilgerausweis und entzünden eine Kerze.

Dann trennen sich die Wege von Jörg und mir für heute. Ich ziehe weiter an das Ufer der Mosel, laufe dort an der Kirche Temple Neuf vorbei. Der Weg führt zunächst auf Holzplanken über die Mosel, dann durch eine Allee in einem Park und überquert schließlich einen Kanal. Ich passiere das Fußballstadion des FC Metz und bleibe dann knapp acht Kilometer auf einem wunderschönen Weg entlang des Kanals. Hier bin ich beinahe ungestört. Hin und wieder begegnen mir Läufer oder Fahrradfahrer. Auf dem Wasser tummeln sich Enten und Schwäne mit ihrem Nachwuchs, durch die Luft schwingen sich einige Vögel. Für mich ist dieser Abschnitt bislang das Schönste, was der Jakobsweg in Frankreich zu bieten hatte. Ich bin so sehr in Gedanken versunken, dass ich an einer Sitzecke an vier Männern vorbeigehe und erst spät eine Jakobsmuschel an einem ihrer Rucksäcke wahrnehme. Da wird mir auch schon ein erfreutes „bonne route" entgegengeschmettert. Wie ferngesteuert bringe ich „nur" ein schnelles „buen camino" heraus und gehe gedankenverloren weiter. Im Unterbewusstsein höre ich hinter mir noch: „Der kommt aus Deutschland." Erst viel später bin ich wieder „da" und verstehe diesen Satz. Ich hatte wohl zum Zeitpunkt des Zusammentreffens meinen Pilgerführer in der Hand, an dem ich erkannt wurde. Ich ärgere mich, dass ich nicht stehen geblieben bin, um wenigstens ein bisschen mit den anderen Pilgern zu reden. Jetzt ist es zu spät, es geht weiter.

Ich überquere die Mosel und gehe auf deren anderen Seite, lasse dort Ars-sur-Moselle und Ancy-sur-Moselle rechts liegen. Kurz vor Dornot passiere ich einen Sportplatz, dessen grüner Rasen mich nach gut fünfzehn Kilometern Strecke zu einer Mittagspause überredet. Die Pause tut gut, ich ziehe Stiefel und Socken aus und lasse alles in der Sonne trocknen.

Dann lasse ich mir etwas Salami, einen Apfel und ein erfrischendes Getränk schmecken. Nach einer guten halben Stunde mache ich mich wieder abmarschbereit. Zunächst nutze ich eine Fußgängerbrücke über die Bahntrasse und gehe nach Dornot hinein. Mitten im Dorf biege ich nach links ab und treffe auf einen Wiesenweg, der beidseitig von Gärten flankiert wird. Über einige der Gartenzäune ragen Kirschzweige auf den Weg, so dass ich beinahe nur den Mund öffnen muss, um in den Genuss süßer Früchte zu kommen. Bald gelange ich nach Novéant-sur-Moselle, kurz dahinter nach Arnaville. Letzteres war nach dem Deutsch-Französischen Krieg 1870/1871 ein Grenzort. Nun geht es abwärts und ich befinde mich kurz darauf erneut an einem der Kanäle, die parallel zur Mosel verlaufen. An diesem verbleibe ich die nächsten sieben Kilometer. Eigentlich war diese Etappe nur bis Pagny-sur-Moselle vorgesehen. Dort habe ich dann aber wohl den Abzweig zum Bahnhof verpasst und mich daraufhin kurzfristig entschieden, doch noch etwas weiterzulaufen. Nicht weit von der neuen TGV-Brücke zweige ich vom inzwischen breiter gewordenen Kanal ab und befinde mich am Bahnhof von Vandières. Leider habe ich den letzten Zug um gut fünfzehn Minuten verpasst, und der nächste fährt erst in neunzig Minuten.

An einer Tankstelle fülle ich meine Getränkevorräte auf und laufe dann einen etwas längeren Aufstieg hoch. Hinter dem höchsten Punkt liegt Norroy-lès-Pont-á-Mousson. Danach geht es noch ein gutes Stück bergauf in den Priesterwald. Hier gab es im ersten Weltkrieg eine blutige Schlacht zwischen Deutschen und Franzosen. Auf dem Weg verliere ich kurzfristig die Orientierung und stehe in einer Sackgasse, überquere nach Kartenstudium eine Wiese und bin dann wieder richtig. Nach drei Kilometern durch den Wald erreiche ich Montauville. Ich folge der Landstraße abwärts und erreiche mein neues Tagesziel Pont-á-Mousson. Hier kostet mich ein weiterer Augenblick der Desorientierung noch einmal einen Umweg von zwei Kilometern, bis ich den Bahnhof erreiche. Ich kaufe mir ein

Bahnticket und fahre zurück nach Metz. Um 18:30 Uhr bin ich zurück im Hotel. Jörg ist im Zimmer und eigentlich guter Dinge, morgen wieder mitlaufen zu können. Durch meine lange Strecke am heutigen Tage verkürzt sich unsere morgige Etappe deutlich auf rund zwölf Kilometer. Jetzt ist erst einmal Duschen und Fußpflege angesagt. Ich habe bisher keine Blessuren und bin froh darüber. Wir entscheiden uns, zum Abendessen wiederum das gleiche Restaurant aufzusuchen wie gestern. Dort ist heute Abend wesentlich mehr los. Wir wählen erneut das Menü für zwanzig Euro. Dieses Mal nehmen wir Salat mit gebackenem Ziegenkäse, Rindertartar mit Pommes und zum Abschluss lassen wir uns ein Mousse au Chocolat munden.

Samstag, 18. Juni 2011
Von Pont-á-Mousson nach Dieulouard (12 km)

Nach dem Frühstück checken wir im Hotel in Metz aus und begeben uns direkt zum Bahnhof. Der liegt nur rund fünfhundert Meter von unserer Unterkunft entfernt. Wir müssen nicht lange warten, bis unser Zug nach Pont-á-Mousson einfährt. Dort verlassen wir eine Viertelstunde später den Zug und bringen das Gepäck in das für die kommende Nacht ausgewählte Enzo Hotel. Das liegt cirka zwanzig Minuten vom Bahnhof entfernt auf der anderen Moselseite. Unterwegs holen wir uns im Tourist-Office einen Stempel für den Pilgerausweis. Eigentlich sind wir viel zu früh im Hotel, bekommen aber nach kurzem Warten trotzdem unseren Schlüssel. Die Rezeption befindet sich unmittelbar im zugehörigen Restaurant, das mit Formel-1-Utensilien ausgestattet ist. Blickfang ist dabei der Bolide und der Rennanzug von Adrian Sutil aus der vergangenen Rennsaison.

Wegen der verkürzten Strecke verzichten wir heute auf vollständiges Gepäck. Ich verstaue alles Notwendige in meinem Rucksack und dann geht es los. Wir laufen quer durch die Stadt bis zum Bahnhof und überqueren dort die Bahngleise über eine Brücke. Zwei Ecken weiter biegen wir links ab nach Monteauville. Nach zwei Kilometern führt uns der beschilderte Fernwanderweg Metz - Nancy hinter der Kirche leicht bergauf und dann in ein Waldgebiet hinein. Drei Kilometer weiter kommen wir nach Jezainville, das wir durchqueren. Erneut geht es aufwärts. Hier gesellt sich ein kleiner Hund zu uns und begleitet uns ein Stück. Dann beginnt es zu regnen. Wir stellen uns hinter einen größeren Busch, der uns etwas von der Feuchtigkeit abschirmt und ziehen die Ponchos über. Eigentlich wollen wir warten, bis es wieder aufhört, aber danach sieht es momentan nicht aus. Also setzen wir uns wieder in Bewegung, es geht weiter leicht aufwärts in einen Wald hinein. An einem Wasserbehälter lesen wir interessiert einige Informationstafeln zum Naturschutzgebiet „Pelouse calcaire de Pontances". Der Regen hat endlich aufgehört und wir verpacken unsere Ponchos im Rucksack.

Es dauert nicht mehr lange und wir erreichen die ersten Häuser von Dieulouard. Nun geht es abwärts und schließlich stehen wir vor den Resten einer mittelalterlichen Burganlage, in die zwischenzeitlich weitere Häuser integriert wurden. Auf der anderen Straßenseite befindet sich die Kirche und wir erkennen, dass die Portale offen stehen. Wir nutzen die Gelegenheit und schauen uns die Kirche an. Ursprünglich war geplant, in Dieulouard zu übernachten, aber das Hotel hatte wegen einer Hochzeit keine Kapazitäten mehr. Für diese Hochzeit ist die Kirche bereits festlich geschmückt. An zwei Säulen im hinteren Bereich der Kirche fallen uns zwei Fliegerbomben auf, die dort befestigt sind. Ein Schild gibt auch die Erklärung dafür: die beiden Bomben wurden im Ersten Weltkrieg auf die Kirche abgeworfen, explodierten aber zum Glück nicht. Als Dank und zur Mahnung wurden sie deshalb ausgestellt.

Wir folgen den Schildern zum Bahnhof und prüfen dort, wann der nächste Zug zurück nach Pont-á-Mousson fährt. Das wäre genau in vier Minuten, da schaffen wir es nicht mehr, Tickets zu kaufen. Wir entschließen uns, zum Bahnsteig zu gehen, da sehen wir auch schon den Zug in den Bahnhof einfahren. Wir müssen im Eilschritt über eine stählerne Brücke auf den mittleren Bahnsteig gelangen. Das schaffen wir gerade noch so, steigen in den Zug und melden uns sofort beim Zugbegleiter. Seine beiden bewaffneten Kollegen lassen in uns ein mulmiges Gefühl aufkommen. Jörgs Blick sagt alles, ich sehe wohl auch nicht anders aus. Der Schaffner gibt uns zu verstehen, dass er gleich zu uns käme. Wir können gerade noch unsere Tickets kaufen, da müssen wir den Zug auch schon wieder in Pont-á-Mousson verlassen.
Noch im Bahnhof schlage ich Jörg vor, unsere diesjährige Tour wegen seiner Blasen hier abzubrechen und zwei Tage früher

nach Hause zu fahren. Jörg ist sofort damit einverstanden, denn er würde auf den verbleibenden zwei Etappen mit insgesamt fast 55 Kilometern neben Schmerzen keinen Spaß an der Sache haben. Wir wenden uns an den Mitarbeiter am Bahnhofsschalter und tragen ihm unser Anliegen vor. Da es für mich schwierig ist, den komplexen Sachverhalt auf Französisch zu erzählen, frage ich nach der Begrüßung einfach mal nach, ob er auch Englisch könne. Das funktioniert dann auch sehr gut. Er tauscht uns die bereits im Vorfeld bei der französischen Bahn im Internet gekauften Rückfahrtickets um und sucht uns eine passende Verbindung raus. Wir sind überrascht über diese Kundenfreundlichkeit und bedanken uns bei ihm ganz herzlich.

Zurück im Hotel duschen wir zunächst und pflegen unsere Füße. Ich storniere mit Jörgs iPhone das Hotelzimmer in Toul; die Jugendherberge in Nancy werde ich morgen Nachmittag von zu Hause aus informieren. Da wir nun hungrig sind, gehen wir für einen kleinen Imbiss nur ein paar Schritte weiter zu McDonalds. Danach ruhen wir uns noch etwas aus. Leider finden wir am Abend kein Restaurant in der Stadt, das uns zusagt. So bleibt uns nichts anderes übrig, als in einem noch geöffneten Supermarkt Baguette, Käse, Salami und Bier einzukaufen und später im Zimmer zu verspeisen.

Sonntag, 19. Juni 2011
Pont-á-Mousson

Heute stehen wir etwas später auf, denn unser Zug fährt erst um 12.30 Uhr. Somit können wir uns viel Zeit beim Frühstück lassen. Das Büffet fällt hier sehr reichhaltig aus, es gibt sogar selbstgemachten Obstsalat. Danach ziehen wir uns noch einmal in unser Zimmer zurück und beginnen, unsere Rücksäcke zu packen. Nach dem Auschecken verlassen wir gegen 10:00 Uhr das Hotel. Wir machen einen Abstecher zur ehemaligen Prämonstratenser-Abtei und besichtigen im Anschluss daran noch die Kirche Saint Martin. Auf dem Weg zum Bahnhof zweigen wir abermals ab und besuchen die Kirche Saint Laurent. Dort schauen wir nur kurz hinein, denn gleich scheint hier eine Erstkommunionfeier zu beginnen, und da möchten wir nicht stören. Eine ältere Dame spricht mich an und fragt, ob wir Pilger seien und wohin denn der Weg gehen würde. Ich versuche es ihr in meinem schlechten Französisch zu erklären. Sie scheint mit meiner Antwort zufrieden zu sein. Die letzte Zeit bis zur planmäßigen Anfahrt des Zuges verbringen wir im Bahnhof, denn es beginnt, heftigst zu regnen. Die Wartezeit verkürzen wir deutlich, indem wir einen früheren Zug nehmen, der ebenfalls nach Luxemburg fährt. Dort haben wir etwas länger Aufenthalt, den wir überwiegend in einer Bar mit einem Sandwich und einem Heißgetränk verbringen. Um 16.30 Uhr steigen wir in Koblenz aus dem Zug und werden auf dem Bahnsteig von meiner Frau Susanne erwartet. Jörg bekommt bei uns zu Hause noch einen Kaffee und fährt dann auch in Richtung Heimat. Für das kommende Jahr haben wir vereinbart, unsere Pilgertour durch Frankreich in Dieulouard fortzusetzen.

Montag, 21. Mai 2012
Von Dieulouard nach Liverdun (27 km)

Darauf habe ich mich schon lange gefreut: heute geht es wieder auf den Jakobsweg nach Frankreich. Im vergangenen Jahr bin ich mit Jörg bis Dieulouard gepilgert, etwa 20 Kilometer nördlich von Nancy gelegen. Ich stehe bereits um 5.00 Uhr auf, nehme ein kleines Frühstück ein und lasse mich von meiner Frau Susanne zum Bahnhof bringen. Pünktlich um 5.56 Uhr setzt sich der Regionalexpress in Richtung Saarbrücken in Bewegung. Knapp drei Stunden später treffe ich dort Jörg wieder. Wir müssen für ihn noch ein Bahnticket kaufen und fahren dann über Forbach nach Metz. Hier hat unser Anschlusszug etwa zwanzig Minuten Verspätung und fährt dann noch von einem anderen Bahnsteig ab. Im Zug treffen wir zwei Wanderer, die sich durch die Lektüre in einem Outdoor-Buch als Deutsche verraten. Sie fahren heute bis Toul und wollen von dort aus ihre Wanderung fortsetzen. Schließlich treffen wir gegen Mittag in Dieulouard ein. Es ist dort stark bewölkt, aber nicht kalt. Unsere erste Anlaufstelle ist die Mairie, direkt gegenüber der Kirche. Hier bekommen wir von einer freundlichen Dame unseren ersten Stempel für den Pilgerausweis. Anschließend besuchen wir die Kirche, wo ich eine Kerze entzünde und für einen guten Weg bete. Dieses Mal besichtigen wir auch die Krypta, die man mittels eines schmalen Durchlasses rechts neben dem Chor über in den Fels gehauene Stufen erreicht.

Dann machen wir uns tatsächlich auf den Weg. Schon bald entdecken wir neben den Wanderzeichen des Fernwanderweges Metz-Nancy auch die gelbe Jakobsmuschel auf blauem Grund und fühlen uns sofort zu Hause. Auf einem asphaltierten Weg verlassen wir Dieulouard durch ein Neubaugebiet. Wenig später befinden wir uns auf einem Wirtschaftsweg, dem man die Regenschauer der vergangenen Tage anmerkt. Unsere Stiefel werden von Schritt zu Schritt schwerer. Wir müssen ständig dicke Matschklumpen von unserem Schuhwerk abstreifen. Wir laufen an Feldern vorbei, kreuzen eine Landstraße und durchqueren ein Waldstück. Beim Verlassen des Waldes haben wir einen ersten Blick auf Saizerais, unserem ersten Zwischenziel. Leider ist die Kirche, an der wir vorbeilaufen, verschlossen. So beschließen wir, im Zentrum des Ortes vor der Mairie eine erste Trinkpause einzulegen. Nach einer Viertelstunde geht es weiter und wir folgen immer noch den Muschelwegweisern. Es dauert nicht lange und der eingeschlagene Weg kommt uns etwas komisch vor, passt er doch eigentlich nicht zum Verlauf der Karte. Wir marschieren jedoch weiter durch ein ausgedehntes Waldgebiet und erreichen schließlich Weideland und einen kleinen Bach. Wir laufen auf einen Hof zu und orientieren uns an einigen Hausdächern, die wir am Horizont sehen. Im Ort entdecken wir oberhalb einer Haustür eine stark verwitterte Jakobusstatue und stellen dort mittels Jörgs iPhone unseren tatsächlichen Standort fest: Viller-St.-Etienne. Wir haben uns richtig schön verlaufen und stellen nun auch fest, dass die Jakobsmuscheln den Weg nach Toul anzeigen und nicht nach Nancy. Das bedeutet nun, dass wir noch gut zwei Stunden entlang einer schmalen Uferstraße an der Mosel bis zu unserem heute geplanten Tagesziel Liverdun laufen dürfen. Dort kommen wir dann etwas erschöpft nach 27 Kilometern an, eigentlich sollten es rund 16 Kilometer gewesen sein.

Wir begeben uns direkt zum Bahnhof, um nach Nancy zu fahren. Erst im Zug können wir bei der Zugbegleiterin unsere Tickets kaufen, denn am Bahnhof gibt es weder einen Schalter noch einen Automaten. Und da wir auch kein Kleingeld haben, bekommen wir sogar zwanzig Cent erlassen. Unser Hotel befindet sich nur zwei Ecken vom Bahnhof entfernt. Dabei passieren wir eine gotische Kirche, deren Portal sogar noch offen steht. Morgen werden wir sie uns ansehen. Unser Zimmer im „Hotel Akena" ist sehr sauber, aber auch sehr klein. Es ist gerade noch genug Platz, um am Bett vorbeizugehen. Im

Zimmer ist eine Kunststoffkabine eingebaut: unsere Nasszelle mit Waschbecken, WC und Dusche. Streckt man beide Arme aus, erreicht man mühelos die Außenwand. Wir nennen die Kabine liebevoll „Wohnklo". Nachdem wir unsere Ausrüstung versorgt und uns geduscht haben, machen wir uns auf die Suche nach etwas Essbarem. Am Himmel ziehen inzwischen vermehrt zahlreiche dunkle Wolken auf. Da auf dem Fensterbrett noch unsere Wanderstiefel stehen, wollen wir kein Risiko eingehen, kehren noch einmal um und stellen sie ins Trockene. Draußen entscheiden wir uns dann für eine andere Richtung und finden direkt einen kleinen Supermarkt. Dort decken wir uns für den morgigen Tag mit Wasser und Müsliriegeln ein. Beim Verlassen des Ladens sehen wir an der nächsten Straßenkreuzung eine Pizzeria. Das ist nach unserem Geschmack, aber zunächst bringen wir unsere Einkäufe ins Zimmer. In der Pizzeria werden wir informiert, dass es beim Kauf einer XL-Pizza für 13,80 Euro eine zweite gratis dazu gebe. Das hört sich gut an und wir entscheiden uns für je eine Pizza „Fruits de Mar". Wir setzen uns direkt an eine große Fensterscheibe mit Blick auf die Straße. Rechts neben uns sind im Fernseher die Simpsons zu sehen. Die Pizza ist lecker und wir genehmigen uns noch jeder zwei Dosen Bier dazu. Auf dem Weg zurück zum Hotel beginnt es dann tatsächlich zu regnen. Wenig später liegen wir im Bett, werden aber bald von einem heftigen Gewitter mit hellem Blitz und lautem Donnerschlag wachgehalten.

Dienstag, 22. Mai 2012
Von Liverdun nach Nancy (20 km)

Die Kirchenglocken wecken uns um 7.00 Uhr. Eigentlich wollten wir heute erst etwas später aufstehen, trotzdem machen wir uns fertig zum Frühstück. Es ist schon einiger Betrieb im Frühstücksraum. Wir suchen uns einen Platz, leider unmittelbar am Kaffeeautomaten. Morgen werden wir etwas zeitiger zum Frühstück erscheinen und einen günstigeren Platz erhaschen. Es gibt alles, was das Herz begehrt, halt auf Französisch: Brötchen, Croissants, Butter, Wurst, Käse, Marmelade. Im Fernsehen wird über das nächtliche Unwetter berichtet, das mit Schwerpunkt in der Region um Nancy hereingebrochen ist. Anschließend packen wir das Nötigste für heute ein. Da wir unser Zimmer auch für die kommende Nacht haben, nehmen wir nur meinen Rucksack mit. Auf dem Weg zum Bahnhof teilt mir Jörg mit, dass er seine Pläne geändert hat. Ursprünglich wollte er an unserem letzten gemeinsamen Tag nach Dijon fahren und dann über Le Puy-en-Valey in Richtung Pyrenäen weiterlaufen. Er hat sich mit der Entfernung ein wenig verschätzt und will nun direkt nach Saint-Jean-Pied-de-Port fahren und dort auf den Camino Francés gehen. Zunächst statten wir der Église St. Leon IX. einen Besuch ab und sind überrascht über die Räumlichkeit der Kirche. Bei einem kurzen Rundgang entzünde ich noch eine Kerze und lasse mich auf einer Bank nieder. Im Bahnhof verkürzen wir die Wartezeit auf unseren Zug an einem Fahrscheinautomaten und versuchen, eine Verbindung für Jörg nach Saint-Jean zu finden.

Um 9.02 Uhr sind wir in Liverdun. Es ist diesig und bedeckt. Zunächst machen wir einen Rundgang durch den mittelalterlichen Ort. Dabei genießen wir die wunderschöne Aussicht auf die Mosel vom Hof des Château Corbin aus dem 19. Jahrhundert. Weiter oben gelegen ist die Église St Pierre, die um diese Zeit noch verschlossen ist. So kehren wir zum Bahnhof zurück und beginnen die heutige Etappe nach Nancy. Dabei laufen wir an der Mairie vorbei und lassen uns einen Stempel in den Pilgerausweis drücken. Nach Studium der vorhandenen Unterlagen verändern wir den geplanten Wegverlauf und überqueren bereits in Liverdun die Mosel. Es geht nun einige Kilometer entlang einer Landstraße bis nach Frouard. Dort kaufen wir in einem Lidl etwas Obst und Trinkjoghurt. Wir folgen nun dem Lauf der Meurthe auf einem gut ausgebauten Fahrradweg, machen aber erneut einen kleinen Umweg. Inzwischen klart der Himmel auf und die Sonne lässt sich sogar blicken. Wir lassen die Ortschaften Champigneulles und Maxéville mit ihren am Wasser gelegenen Industrieanlagen rechts liegen. An der „Pont Vayringe" verlassen wir die Meurthe und laufen rechter Hand in ein Wohngebiet. Hier befinden wir uns bereits in Nancy und erreichen kurz darauf den „Canal de Marne au Rhin". Dieser wurde 1853 fertiggestellt und verbindet auf 300 Kilometern Mosel, Rhein und Marneseitenkanal. Wir laufen an einer beweglichen Brücke über den Kanal vorbei und staunen über die zahlreichen Hausboote, die hier vor Anker liegen. Auf Höhe der „Rue Lecreulx" verlassen wir den Kanal nach rechts und betreten den wunderschönen, großflächig angelegten „Parc de Pépinière". Die Überbleibsel des Unwetters sind in Form von Wasseransammlungen noch deutlich erkennbar. Unmittelbar an die südliche Kante des Parks schließt sich der „Place Stanislas" an, der uns ins Staunen versetzt. Rund um den Platz befinden sich prunkvolle Bauten, in denen die Oper, das Musée-des-Beaux-Arts und das Rathaus untergebracht sind. Die Ecken des Platzes sind mit wunderschönen Brunnen mit vergoldeten Verzierungen versehen und in der Mitte thront die Statue des polnischen Königs Stanislaus I.

Am Südende des „Place Stanislas" gehen wir in die „Rue Maurice Barres" und stehen an deren Ende unmittelbar vor der „Cathédrale Notre-Dame-de-l'Annonciation", die zu Beginn des 18. Jahrhunderts erbaut wurde. Wir lassen uns von der Einfachheit der hellen Bischofskirche einfangen und sind besonders von der Orgel begeistert. Auch hier entzünde ich eine Kerze vor einem Marienbildnis. Nun ist die Zeit gekommen, dass wir uns wieder in unser Hotel zurückziehen. Unterwegs holen wir uns in der Tourist-Information noch einen Stempel ab und genehmigen uns in einer Bäckerei einen Éclair „chocolat" und einen „vanille", lecker! Da wir auch am Bahnhof vorbeikommen, kauft sich Jörg noch sein Ticket von Paris nach Saint-Jean. Es ist nicht ganz einfach, mit meinem schlechten Französisch dem Mitarbeiter zu erklären, was wir wollen. Letztendlich bekommt er aber, was er braucht. Um 16.00 Uhr erreichen wir unser Hotel. Wir pflegen, wie immer unsere Ausrüstung und bereiten schon alles für den kommenden Tag vor. Später gehen wir noch einmal Pizza essen, das Angebot ist einfach zu verlockend. Jörg bestellt sich wie am Abend vorher eine „Fruits de Mer", ich entscheide mich für eine „Forêt-Noire". Heute tauschen wir nach der Hälfte die Teller aus. Mit gefülltem Magen liegen wir schon früh im Bett und lauschen noch ein wenig einem Hörbuch: „Ich bin dann mal weg!"

Ehemalige Prämonstratenser-Abtei in Pont-á-Mousson

Am Bahnhof in Dieulouard

Etappenstart in Liverdun

Place Stanislas in Nancy

Mittagsrast in Villey-le-Sec

Blick auf Toul und die Kathedrale St. Etienne

Kriegsgräberstätte im Westen von Toul

Unsere Unterkunft in Montigny-les-Vaucouleurs

Mittwoch, 23. Mai 2012
Von Nancy nach Toul (28 km)

Wir stehen heute ohne die Unterstützung unseres Weckers um 6.00 Uhr auf und machen uns ein wenig frisch für das Frühstück, das ab 6.30 Uhr bereitsteht. Es sind noch nicht viele Gäste im Frühstücksraum, sodass wir uns einen freien Tisch nach Wahl aussuchen können. Nach einer ausgiebigen Stärkung packen wir unsere Ausrüstung ein und marschieren um 7.30 Uhr aus dem Hotel. Über die „Rue Jeanne d´Arc" erreichen wir die „Rue de la Commanderie", der wir gut drei Kilometer folgen. Dabei ändert die immer schmaler werdende Straße öfter den Namen und erreicht allmählich ansteigend die äußeren Wohngebiete von Nancy. In einer Boulangerie kaufen wir zwei kleine Baguettes für die Mittagsrast und füllen noch einmal die Wasservorräte auf. Wir unterqueren die A 33, passieren die weitläufigen Sportanlagen des „Stade R. Bambock" und erreichen das Wohngebiet Clairlieu. Unser Weg führt uns an den Nordrand der Siedlung und schließlich in den Foret Domaniale de Haye, den wir auf den nächsten zehn Kilometern durchwandern. Mitten im Wald machen wir an einem Kreisel mit einer Schutzhütte eine erste Rast und verspeisen einen Apfel.

Bereits nach einer Viertelstunde machen wir uns wieder auf den Weg durch den kühlen Wald. Unterwegs begegnen wir einigen Waldarbeitern, die in einem biologischen Testgelände zu tun haben. Dieses Gebiet wurde nach einem verheerenden Sturm im Jahre 1999 eingerichtet, um die natürliche Regeneration des Waldes zu erforschen. Am Ende des Waldes stoßen wir auf die D 909, die zwar nicht stark, aber sehr rücksichtslos befahren wird. Nach rund drei Kilometern erreichen wir das Örtchen Villey-le-Sec. Im Zentrum, unmittelbar neben der Mairie, finden wir eine Bank vor, die uns ideal für die Mittagsrast erscheint. Heute gibt es zur Abwechslung mal Baguette und Salami, dazu kühles Wasser. Anschließend schauen wir uns die Befestigungsanlagen des örtlichen Forts an. Die imposanten Bauten sind für uns schon vom Beruf her interessant und wurden im Zeitraum 1874 - 1879 im Nachgang des deutsch-französischen Krieges als Schutz für Toul gebaut. Leider ist die Festung nur sonntags zur Besichtigung geöffnet. Wir laufen weiter entlang der Landstraße, weichen dann aber von unserem Führer ab und biegen nach links in ein Waldgebiet ein. So entkommen wir dem Autoverkehr der Straße und befinden uns in etwas kühlerem Terrain. Der Waldweg verläuft bogenförmig, fast parallel zur Straße, und lässt sich sehr angenehm laufen. Im Wald selbst entdecken wir die Ruinen mehrere Gebäude, die wohl zu früheren Zeiten als militärische Unterkünfte dienten.

Bisher bedeckten zahlreiche Wolken den Himmel, aber jetzt kommt doch noch die Sonne raus. Gleichzeitig stelle ich ein leichtes Brennen an meinen Waden auf Höhe der Oberkante meiner Wanderstiefel fest. Das gefällt mir gar nicht. Ich bin gespannt, was mich heute Abend beim Ausziehen erwartet. Nach rund vier Kilometern erreichen wir einen Vorort von Toul und haben einen tollen Ausblick von einer Anhöhe auf die Kathedrale. Es ist 15.00 Uhr, als wir nach der Überquerung der Mosel an der mittelalterlichen Stadtmauer mit Wassergraben entlangwandern. Über die „Rue Drouas" betreten wir Toul, laufen durch eine kleine Grünfläche und befinden uns unmittelbar vor der Kathedrale, die wir zunächst besichtigen. Uns fällt die großzügige Räumlichkeit der im Jahre 1221 begonnenen und 1496 vollendeten Kirche auf. Während sich das Mittelschiff nach der Restaurierung in einem prachtvollen Zustand präsentiert, sehen die Seitenschiffe sehr vernachlässigt aus. Hier scheint einfach das Geld für weitere Sanierungsarbeiten zu fehlen. In der neben der Kathedrale befindlichen Tourist-Information werden wir von einer freundlichen Dame direkt auf Deutsch angesprochen und erhalten einen Stempel für unseren Pilgerausweis. Danach schlendern wir über die „Rue Michatel" zum „Place de Trois Évéchés", wo wir das von uns gebuchte „ABC Hotel" finden. Zu unserer Überraschung ist das Hotel bereits geöffnet. Eigentlich sollte die Rezeption erst ab 18.00 Uhr besetzt sein. Das uns zugewiesene Zimmer ist zwar nicht sehr groß, für unsere Zwecke aber ausreichend. Der Mitarbeiter ist sehr bemüht und spricht gutes, verständliches Englisch.

Wie immer, kümmern wir uns zunächst um unsere Ausrüstung und dann um uns selbst. Als ich Stiefel und Socken ausziehe, brennt es immer noch und es kommen rote, schmerzende Flecken mit kleinen Bläschen oberhalb der Fersen zum Vorschein. Ich kann mir überhaupt nicht erklären, wo die Ursache hierfür liegt. Habe ich die Stiefel vielleicht nicht fest genug gebunden und die Füße und Beine schwammen darin? Morgen werde ich zur Schonung erst einmal in Sandalen losgehen und später die Stiefel anziehen. Jetzt lasse ich kaltes Wasser in die Badewanne ein und kühle meine Beine. Nachdem sowohl Jörg als auch ich ein Bad genommen haben und einige Kleidungsstücke auf der Wäscheleine hängen, suchen wir einen Supermarkt auf, den wir schon auf der Moselbrücke gesehen hatten. Wir kaufen unser Abendessen ein: französischen Weichkäse, Trinkjoghurt, Bier und eine kleine Melone. Die Einkäufe bringen wir zunächst in unser Zimmer und suchen uns noch eine Boulangerie, um Baguettes zu bekommen. Unterwegs nehmen wir in einer Straßenbar ein Bier zu uns, um den ersten Durst zu löschen. Den Rest des Abends verbringen wir auf dem Zimmer und verspeisen unsere Einkäufe bis auf die letzten Krümel und Tropfen. Bevor wir uns bettfertig machen, bildet ein Kapitel Hape den Tagesabschluss.

Donnerstag, 24. Mai 2012
Von Toul nach Montigny-les-Vaucouleurs (25 km)

Um 7.00 Uhr nehmen wir unser Frühstück in einem Restaurant ein, das sich im Erdgeschoss des Hotels befindet. Jörg und ich haben beide nicht gut geschlafen. Die in Frankreich übliche große Matratze hatte in der Mitte eine Kuhle, sodass wir beide versucht haben, möglichst außen zu liegen, um nicht ständig nach innen zu rollen. Aber auch so eine Nacht haben wir einigermaßen hinbekommen. Man serviert uns ein Baguette, Butter und Marmelade und nach Wunsch Kaffee oder Kakao. Das hört sich zwar nicht viel an, reicht aber vollkommen aus, um satt zu werden. Anschließend packen wir unsere Rucksäcke ein. Ich verstaue darin heute auch meine Wanderstiefel wegen der Rötungen an den Waden, ziehe Socken und Sandalen an. Die Rezeption ist zu dieser Zeit unbesetzt, den Zimmerschlüssel werfen wir in einen dafür vorgesehenen Briefkasten. In einer Boulangerie besorgen wir uns noch zwei Ficelles, das sind dünne Baguettes. Dann marschieren wir über die „Rue Jeanne d´Arc" und die Reste des gleichnamigen Tors aus Toul hinaus. Über den „Boulevard Pinteville" und die „Avenue Maréchal Foch" erreichen wir eine Kaserne, die wohl ein Transportregiment beherbergt. Aus dem Kasernentor rollt dann auch eine Kolonne mit schweren LKWs heraus. Kurz hinter der Kaserne befindet sich eine großflächige Kriegsgräberstätte, die wir uns etwas genauer betrachten. Dabei sehen wir nicht nur Grabmale aus dem ersten Weltkrieg, sondern auch aus dem Indochina-Krieg der 50er-Jahre. Hier ruhen neben französischen Gefallenen auch zahlreiche Kanadier. Auffällig sind die unterschiedlichen Kennzeichnungen der Gräber für christliche, muslimische und jüdische Soldaten.

Wir laufen jetzt an der D 11B entlang und überqueren einen Bahnübergang, den kurz vor uns noch ein Zug passiert hat. Hinter der nächsten Kurve erreichen wir das Dorf Choloy-Ménillot. Am Ende des Dorfes biegen wir nach links in die

„Rue Marcel André" und befinden uns am Beginn eines längeren Anstieges, der zum Glück durch den Wald führt. Allmählich kommt nämlich die Sonne raus und die Temperaturen steigen merklich an. Der Weg ist von dem Unwetter der letzten Tage in dieser Region sehr ausgewaschen worden. Ich muss mit meinen Sandalen an den Füßen gut aufpassen, dass ich nicht ständig auf lose Steine trete und umknicke. Aber zum Glück geht alles gut und auf der Höhe muss ich nicht mehr auf Steine aufpassen, sondern auf unzählige große und kleine Pfützen. Jörg geht voraus und lotst mich gut durch das Pfützenlabyrinth, sodass ich tatsächlich mit trockenen Füßen da durchkomme. Wir überqueren bald die Grenze zwischen den Departements „Meurthe-et-Moselle" und „Meuse". An dem Grenzstein machen wir ein Erinnerungsphoto. Ab hier geht es wieder abwärts, der Weg ist ebenfalls sehr ausgewaschen und mit tiefen Furchen durchzogen. Wir erreichen den Waldrand und beschließen, am Wegesrand unsere Mittagsrast einzulegen.

Wir ziehen unsere Hemden aus, legen sie zum Trocknen über einen Zaun und schmieren uns noch mit Sonnencreme ein. Danach verzehren wir die Ficelles und Salami und gleichen den Flüssigkeitsverlust aus. Nach einer guten halben Stunde geht es weiter parallel zum Waldrand, bis wir auf die D 960 stoßen. Nur wenige Schritte weiter sind wir in dem Dörfchen Rigny-Saint-Martin. Mit Interesse schauen wir uns die Kirche an. Diese ist als Rundbau errichtet worden und grenzt sich somit von allen bisherigen Kirchen deutlich ab. Die Innenausstattung ist sehr spärlich, aber trotzdem hat die Kirche ihren Reiz. Ich nutze die Gelegenheit zu einem kurzen Gebet. Es geht nun leicht aufwärts und wir überqueren die D 74. Schließlich erreichen wir das Dörfchen Chalaines und laufen weiter auf der D 960 nach Vaucouleurs. Wir befinden uns hier bereits in der Region der Jeanne d´Arc, deren Spuren in Vaucouleurs deutlich werden. Am Ortseingang werden wir mit einem großen Hinweisschild darauf aufmerksam gemacht. Im

Zentrum sind ein Reiterstandbild der französischen Heldin sowie ein Museum. Dort bekommen wir auch einen Stempel. Leider gibt es hier keine Bar, denn wir würden jetzt gerne etwas Kaltes trinken. In einer Boulangerie werden unsere Gelüste erfüllt und wir kaufen uns jeder eine Flasche Cola. Anschließend besichtigen wir die Kirche Saint-Laurent aus dem 18. Jahrhundert und setzen dann unseren Weg fort, der uns an der alten Burgkapelle und dem „Porte de France" vorbeiführt. Von hier an geht es weiter aufwärts, bis wir erneut die D 960 erreichen und überqueren, dann durch ein Stück Wald, immer leicht abwärts.

Nach circa drei Kilometern sind wir in Montigny-les-Vaucouleurs und finden recht schnell die „Villa Claudette", unsere heutige Unterkunft. Wir werden sehr nett von Madame Lambert empfangen und mit einem kühlen Bier und Wasser versorgt. Die Verständigung ist nicht einfach, weil sie weder Deutsch noch Englisch spricht, aber wir bekommen alles geregelt. Unser Zimmer, das „La Marina", ist ein Traum in Blau und hat eine Größe von 21 m² mit einem Badezimmer von 6 m². Hier fühlen wir uns direkt wohl. Wir nutzen die Gelegenheit und waschen unsere Wäsche, die im Garten aufgehängt werden kann. Madame Lambert macht dafür extra Platz für uns auf der Wäschekleine. Meine Waden sind immer noch leicht gerötet und mit kleinen Bläschen übersät, sodass ich, wie bereits gestern, kaltes Wasser in die Badewanne einlasse und meine Füße darin kühle. Die 25 Kilometer des heutigen Tages in Sandalen, für die wir gut fünfeinhalb Stunden unterwegs waren, haben mir keine Probleme bereitet. Ich glaube, das war die richtige Entscheidung. Anschließend nutzen Jörg und ich gerne die Möglichkeit und nehmen jeder ein Bad. Den ganzen Tag hatten wir schönes Wetter, Sonnenschein und blauen Himmel. Jetzt, kurz vor dem Abendessen ziehen Wolken auf und es wird dunkler. Über uns zieht ein kurzes, aber heftiges Gewitter hinweg. Das Abendessen nehmen wir mit je einem älteren Ehepaar aus Belgien und Frankreich ein. Es gibt

Schweinebraten, Kartoffelgratin und Salat und schmeckt richtig gut nach Hausmannskost. Wir schaffen es tatsächlich, alle Schüsseln zu leeren. Doch damit nicht genug: Madame Lambert serviert noch eine Camembert-Torte mit Baguettes und als Dessert gibt es noch selbstgemachten Rhabarberkuchen. Leider spricht nur der Belgier etwas Deutsch, aber irgendwie kommt trotzdem eine Unterhaltung zustande und es ist ein netter Abend, der gegen 21.00 Uhr mit einem vollen Bauch endet.

Freitag, 25. Mai 2012
Von Montigny nach Grondecourt-le-Château (18 km)

Da wir heute erst um 8.00 Uhr frühstücken können und eine relativ kurze Etappe von 18 Kilometern vor uns haben, schlafen wir etwas länger. Um 7.30 Uhr werden wir wach, draußen kräht ein Hahn. Am Frühstückstisch treffen wir wieder auf die vier anderen Gäste. Madame Lambert tischt erneut ordentlich auf. Wir können zwischen Kaffee, Kakao oder Tee wählen. Hierzu stehen uns größere Schalen zur Verfügung, die ich eher für Müsli nutzen würde. Aber gut, wir sind ja anpassungsfähig. Weiterhin gibt es Brötchen, Baguettes, Milchbrötchen, selbstgemachte Marmelade, Apfelsaft (wohl auch aus eigener Herstellung). Wir lassen es uns richtig gut gehen und es verbleiben fast keine Reste. Wir sind auf unserer Pilgerwanderung nun zum ersten Mal in einem Chambres d'Hôtes untergekommen, und wir sind begeistert. Trotz der Sprachbarriere gab es eigentlich keine Verständigungsprobleme. Irgendwie haben wir das ausdrücken können, was wir wollten. Besonders gut gefallen hat uns der familiäre Charakter der Unterkunft, das möchten wir zukünftig noch öfter erleben. Einen kleinen Dank an Madame Lambert haben wir aber in ihrem Gästebuch hinterlassen: „Un grand merci pour l'hébergement. Nous nous sommes sentis très à l´aise. Les pelerins St. Jacques d´Allemagne."

Um 9.15 Uhr verabschieden wir uns abmarschbereit von Madame Lambert. Wir erhalten noch ein Lob für das gute Französisch im Gästebuch, geben aber direkt zu, dass wir ein Übersetzungsprogramm aus dem Internet genutzt haben. Dann geht es los, ich wieder mit Sandalen an den Füßen. Wir verlassen Montigny über die „Rue Sainte Anne", laufen parallel zu einem kleinen Bach auf ein Waldgebiet zu. Der Weg selbst ist hier überwiegend mit knöchelhohem Gras belegt und aufgrund des kurzen Gewitters von gestern Abend noch feucht. Da werde ich wohl auf den nächsten Kilometern nasse

Socken bekommen. Ich versuche jedenfalls, so wenig wie möglich durch das Gras zu laufen, was zusätzlich durch Pfützen und Matschlöcher erschwert wird. Wir durchwandern ein stilles Tal, in dem man der Natur zuhören und zusehen kann. Mitten in einer Talwiese, natürlich kniehoch und etwas feucht, ist die kleine gotische Chapelle Sainte Anne errichtet. Sie ist verschlossen und macht einen etwas vernachlässigten Eindruck. Bald darauf verlassen wir den Wald und laufen auf das Dorf Badonvilliers zu. Im Schatten der Kirche, die leider verschlossen ist, wechseln Jörg und ich unsere Socken und hängen diese am Rucksack zum Trocknen auf. Von nebenan werden wir von zwei Lamas beobachtet. Nach der kurzen Pause passieren wir einen Verkaufswagen, wo man eigentlich alles bekommen kann. Wir entscheiden uns für Apfel, Birne und Baguette. Wir werden von der Verkäuferin in gutem Deutsch angesprochen. Anscheinend sieht man uns die Herkunft an. In dem kurzen Gespräch verrät sie uns, dass sie Deutsch von ihrer Großmutter gelernt hat.

Auf der D 193 geht es weiter nach Gérauvillier. Dort treffen wir erneut den Verkaufswagen und wieder reden wir ein wenig miteinander. Die einsilbige Frage nach unserem Ziel „Compostelle" beantworten wir intensiv mit „ja". Hinter dem Dorf führt unser Weg durch Ackerlandschaft, die Sonne scheint und es ist warm. Unsere Getränkevorräte neigen sich allmählich dem Ende zu. In der Ferne sehen wir einen Viadukt einer nicht mehr in Betrieb befindlichen Bahnlinie, den wir kurz darauf erreichen. Nach einem Kilometer sind wir in Abainville, wo wir freudig ein kleines, geöffnetes Geschäft vorfinden. Wir kaufen zwei Dosen Cola und lassen uns anschließend auf den Treppenstufen der örtlichen gotischen Kirche nieder. Bevor wir unsere Mittagsvesper halten, besichtigen wir die offene Kirche, die durch ihre helle Gestaltung sehr freundlich erscheint. Dann befreien wir unsere Füße von Socken und Schuhwerk und stellen fest, dass alles in Ordnung ist. Nach der Mahlzeit wird es wieder Zeit, das verbleibende

Stück bis nach Gondrecourt zu absolvieren. Wir laufen durch ein kleines Gewerbegebiet entlang des Flusses „Ornain" und tauchen am Ortsende in eine grüne Oase ein. Unterwegs passieren wir eine große Fischzucht und stehen gegen 14.45 Uhr vor unserem „Hôtel Central".

Auch hier haben wir kaum Schwierigkeiten, uns verständlich zu machen. Ich nutze mein weniges Französisch und Jörg spricht Englisch. Da unser Zimmer noch nicht fertig ist, bestellen wir uns etwas zu trinken. Unser Durst ist sehr groß, unser Deckel weist anschließend vier Bier, eine Cola und einen Espresso auf. Zudem haben wir eine angenehme Unterhaltung mit dem Chef des Hauses, der uns gute Tipps für den morgigen Tag gibt. Dabei erzählt er, dass er schon einmal in Koblenz war! Das ist eine Überraschung und Grundlage für einen weiterhin guten Verlauf. Er empfiehlt uns, morgen ein Stück mit dem Taxi zu fahren, da die zu erwartende Strecke um die 35 Kilometer lang sein wird. Das Taxi würde er uns morgen bestellen. Dieses Angebot nehmen wir sehr gerne an, da wir sowieso schon mit dem Gedanken gespielt hatten, die morgige Tour etwas abzukürzen. Dann ist auch das Zimmer fertig, eine kleine Kammer unter dem Dach mit einem kleinen Bad mit Dusche dabei. Das reicht uns völlig und wir sind sehr zufrieden damit. Nach dem Duschen besichtigen wir die im 10. Jahrhundert erbaute romanische Kirche, die uns sehr ursprünglich vorkommt. Mir gefallen solche alten Kirchen sehr. Anschließend machen wir einen Spaziergang durch den Ort und erklimmen eine Anhöhe mit wunderschönem Ausblick und einem Turm aus dem 15. Jahrhundert, der jetzt ein Rittermuseum beherbergt. Auf dem Weg zurück zum Hotel kaufen wir in einem Supermarkt unseren Getränkevorrat für morgen ein, als Zugabe noch einen Viererpack „Magnum Pistazie". Das Eis wird direkt auf einer Mauer am „Ornain" vernichtet. Nach einer kurzen Pause in unserem Zimmer nehmen wir im Hotel unser Abendessen ein. Dabei sitzen wir unmittelbar über dem Fluss und können Schwäne und Forellen beobachten. Wir bekommen: entrecôte, frites, salade, fromage blanc avec rhubarbe und eine Flasche Medoc. Es schmeckt sehr gut und wir begeben uns anschließend zufrieden zur Nachtruhe.

Samstag, 26. Mai 2012
Von Gondrecourt-le-Château nach Joinville (24 km)

Nach dem üblichen französischen Frühstück (Baguette, Croissants, Marmelade, Butter sowie Kaffee oder Kakao) holt uns wie vereinbart ein Taxi ab. Wir erklären der Fahrerin mittleren Alters, so gut es geht, unser Vorhaben und sie bringt uns ins zwölf Kilometer entfernte Cirfontaines-en-Ornois. Damit müssen wir heute nur eine Strecke von rund 22 Kilometern zu Fuß gehen. Die Fahrt hat uns zwar dreißig Euro gekostet, aber das war es uns wert. Wir werden am Ortseingang an einer Kreuzung rausgelassen und die Fahrerin wünscht uns noch einen guten Weg. Wir durchlaufen Cirfontaines-en-Ornois auf der D 115 und passieren die Kirche, die eher einem römischen Tempel ähnelt und auch verschlossen ist. Es wäre sicherlich interessant gewesen, mal einen Blick in Innere zu werfen. Nach knapp vier Kilometern erreichen wir das Dörfchen Harméville, wo uns eine ältere Dame entgegenkommt und uns direkt in akzentfreiem Deutsch anspricht. Während des kurzen Gesprächs stellt sich heraus, dass sie aus der Nähe von Saarbrücken stammt und hier mit ihrem französischen Mann lebt.

Wir bleiben weiterhin auf der beinahe autofreien Landstraße und müssen hinter dem nächsten Dorf Soulaincourt einige Höhenmeter zu einem Hochplateau erklimmen. Um uns herum befinden sich zahlreiche steinige Äcker. Oben angekommen, haben wir das Glück, aus der prallen Sonne zu entfliehen und wieder durch eine schattige Waldpassage zu laufen. Nach einer halben Stunde durch grünes Weideland treffen wir in Sailly ein, wo wir an der „Église Saint-Maurice" aus dem 12. Jahrhundert eine kurze Pause machen. Wir prüfen unsere Füße und schmieren sie noch einmal mit etwas Hirschtalg ein. Auch heute bereitet mir das Gehen in Sandalen keine Schwierigkeiten. Inzwischen sehen meine Waden auch schon besser aus. Jörg hat mir die Salbe gegeben, die er im vergangenen

Jahr in der Apotheke in Vigy für seine Blasen gekauft hatte. Auf einmal spricht uns ein älterer Landwirt an und fragt ob er den Schlüssel für die Kirche holen soll. Wir haben kaum geantwortet, da ist er auch schon wieder weg und schließt uns wenige Minuten später die Kirche auf. Wir können gerade noch ein „Merci" rufen, da ist er erneut verschwunden und überlässt uns die Kirche. Wir stellen unsere Rucksäcke an der Kirchenmauer ab und nutzen die Gelegenheit zur Besichtigung. Die Inneneinrichtung ist recht spärlich und hat wohl schon bessere Zeiten erlebt. Aber ich glaube, für die Dorfbewohner ist sie immer noch etwas Besonderes. Während ich mir Bilder, Skulpturen, die baufällige Kanzel oder den Altar anschaue, spreche ich leise ein Gebet. Wir verlassen die Kirche unverschlossen, da unser Gönner nirgendwo zu sehen ist und begeben uns wieder auf die D 115.

Es dauert erneut eine halbe Stunde und wir durchlaufen Noncourt-sur-le-Rongeant. Kurz darauf sind wir bereits in Poissons, wo wir zunächst die „Église Saint-Aignan" aus dem 16. Jahrhundert besichtigen. Dazu müssen wir zunächst circa zwanzig Treppenstufen hochlaufen, kommen dann durch einen Vorbau in den etwas gedämpften Innenraum. Auch diese Kirche wirkt auf mich wieder sehr ursprünglich. Auf dem weiteren Weg überqueren wir ein kleines Gewässer mittels mehrerer Brücken, das idyllisch durch das Dorf fließt. Dann finden wir ein schattiges Plätzchen und entschließen uns, hier Mittagsrast zu machen. Unser Mahl besteht heute aus Baguette und Wildschweinsalami, dazu gibt es ein fruchtiges Mineralwasser aus den Vogesen. Jetzt wird es Zeit, weiterzulaufen. Zunächst bleiben wir noch eine Weile auf der D 115, biegen dann aber auf eine frühere Bahntrasse ab. Mit zunehmender Strecke wird der Untergrund immer steiniger, schließlich bewegen wir uns nur noch auf sehr grobem Schotter. Doch bald haben wir dieses quälende Stück hinter uns und laufen auf das Örtchen Suzannecourt zu. Dort besichtigen wir die „Église paroissiale de la Sainte-Croix", die bereits im 12. Jahrhundert errichtet wurde. Beeindruckend sind die alten Fresken sowie die Ausgestaltung des Chores. Irgendwie spüre ich die Geschichten, die das alte Mauerwerk sicherlich erzählen kann. Nur ein paar Ecken weiter sind wir in Joinville, das wir über die D 60 betreten. In einem Supermarkt versorgen wir uns schon einmal vorsorglich mit ausreichend Wasser für den nächsten Tag. An der Kasse werden wir aufgefordert, unsere Rucksäcke zu entleeren. Anscheinend sehen wir nicht besonders vertrauenserweckend aus. Dann überqueren wir noch den „Canal de la Marne á la Saône" und die Marne. Zunächst gehen wir zum Bahnhof, wollen dort einen Zug für morgen finden, der uns ein paar Kilometer mitnehmen kann. Für morgen stünden nämlich knapp 38 Kilometer an. Leider haben wir kein Glück, Züge fahren nur sehr selten ab Joinville. Vom Bahnhof gelangen wir über die „Rue Mauclère" und die „Rue de Capucins" zu unserer heutigen Herberge „Le Val du Roy".

Mit der Eigentümerin Valérie Weber hatte ich bereits im Vorfeld öfter gemailt. Sie besitzt sowohl die französische als auch die schweizer Staatsangehörigkeit, lebte einige Jahre in der Nähe von Zürich und spricht sehr gut Deutsch. Sie war mir behilflich, in zwei Orten Unterkünfte zu organisieren, wofür ich sehr dankbar war. Wir sind etwas zu früh, werden aber sehr herzlich empfangen. Nachdem Valérie uns durch ihr Haus geführt hat, packen wir in dem uns zugewiesenen Zimmer „Jean de Joinville" unsere Rucksäcke aus. Danach treffen wir uns im Garten und trinken gemeinsam etwas. Wir führen ein sehr nettes Gespräch und lernen ihre Lebensgeschichte kennen. Dabei müssen wir feststellen, dass es das Schicksal nicht immer gut mit ihr meinte. Sie erzählt uns, dass das Haus aus dem Jahr 1686 stammt und ursprünglich eine Schule für Nonnen war. Seit einem Jahr bietet sie drei geschmackvoll eingerichtete Zimmer als Chambres d´Hôtes an. Pilger hat sie schon öfter aufgenommen, und sie sagt, dass sie sogar am liebsten Pilger als Gäste hätte. Dann wird es für uns Zeit, die Dusche mit Massagestrahlen auszuprobieren. Valérie ist so lieb, und steckt unsere durchgeschwitzte Kleidung in die Waschmaschine. Danach sitzen wir wieder im Garten, hängen die Wäsche auf und unterhalten uns noch etwas. Im Laufe der Zeit treffen noch weitere Gäste ein: zwei Ehepaare aus Metz und Lausanne. Hier findet die Unterhaltung gleich dreisprachig statt: auf Französisch, Deutsch und Englisch. Ein weiteres französisches Paar bekommen wir während unseres Aufenthaltes erst gar nicht zu Gesicht. Das Abendessen nehmen wir in der Küche ein, was Valérie wohl ein wenig peinlich ist, da sie ein stilvolles Esszimmer besitzt. Jörg und ich betonen aber immer wieder, dass wir uns in der Küche sehr wohl fühlen. So zieht sich auch das Essen sehr angenehm in die Länge. Es gibt Salat, Reis und Hähnchen, dazu leeren wir je eine Flasche Rot- und Weißwein. Wir drei verbringen einen wunderschönen Abend mit großartigen Gesprächen, die teilweise sehr tiefgehend sind. Inzwischen haben wir auch entschieden, die morgige Etappe anders als geplant zu gestalten. Valérie macht uns das Angebot, uns mit dem Auto zum Startort nach Vignory zu bringen. Erst kurz vor Mitternacht überwiegt die Müdigkeit und wir ziehen uns in unser Zimmer zurück.

Sonntag, 27. Mai 2012
Von Joinville nach Colombey-les-Deux-Églises (25 km)

Im Vergleich zu den bisherigen Nächten war diese recht kurz, aber der gestrige Abend war sehr schön und es hat sich gelohnt, erst spät ins Bett zu gehen. Wir nehmen um 8.00 Uhr ein reichhaltiges Frühstück im Esszimmer ein und packen anschließend unsere Rucksäcke. Auch heute werde ich wieder in Sandalen laufen, das geht besser, wie gedacht. Als Dank hinterlassen wir in Valéries Gästebuch noch einen herzlichen Eintrag. Uns hat es bei ihr sehr gefallen und wir können „Le Val du Roy" jedem Pilger wärmstens empfehlen. Valérie gibt uns noch zwei Baguettes für unterwegs mit, dann werden wir von einem Freund nach Vignory gefahren. Dort setzt er uns direkt vor der romanischen „Église Saint Étienne" ab, die wir zunächst erkunden. Die Kirche aus dem frühen 11. Jahrhundert ist eine der bedeutendsten romanischen Sakralbauten in der Champagne. Wir sind total begeistert und ich setze mich für einen ruhigen Moment, sauge die Stimmung der Kirche in mich auf. Um 10.30 Uhr schultern wir unsere Rucksäcke und machen uns auf den Weg.

Es geht zunächst rund fünf Kilometer bergauf durch ein Waldgebiet. Da die Sonne bereits kräftig scheint, ist der schattige Wald eine Wohltat. Bald sollen wir eine Kreuzung von sechs Wegen erreichen, aber irgendwie scheint unsere Wanderkarte mit der Realität nicht übereinzustimmen. Die von uns gewählte Route führt uns eher abwärts als zum höchsten Punkt des heutigen Tages. Zum Glück hat Jörg einen Kompass dabei und wir stellen rasch fest, dass wir falsch gelaufen sind. Nach Studium der Karte liegt nördlich von unserem Standort eine Straße, an der wir uns orientieren könnten. So marschieren wir nun auf dem eingeschlagenen Weg, der uns tatsächlich nach Norden bringt. Drei Kilometer weiter ist die Straße in Sichtweite und wir kennen jetzt auch unseren aktuellen

Standort. Schnell finden wir einen Weg zu der angesprochenen Kreuzung, die wir nach einer halben Stunde bergauf erreichen. Aber auch hier scheint die Karte nicht ganz genau zu sein und wir müssen zwischen zwei Wegen wählen. Und wieder treffen wir die falsche Wahl und nehmen den verkehrten Weg, der immer schmaler wird und am Ende einem durch Waldtiere ausgetrampelten Pfad gleicht. So stehen wir dann auch vor einer mit Stacheldrahtzaun umgebenen Weide. Das Vieh befindet sich jedoch weit weg und wir überwinden das Hindernis. Darauf folgt ein Balanceakt über einen umgekippten Strommast, der als Steg über einen Bach dient. Auf der anderen Seite der Weide treffen wir auf eine Straße. Mithilfe der GPS-Ortung von Jörgs iPhone haben wir schnelle unseren Standort gefunden und laufen auf der D 113 in Richtung Lamothe-en-Blaisy durch ein grünes Tal. Auf der Kirchenmauer legen wir unsere Mittagsrast ein und verspeisen Baguette und Salami. Da die Kirche sogar geöffnet ist, nutze ich die Gelegenheit zur Besichtigung. Viel gibt es nicht zu sehen, es ist halt eine Dorfkirche, die in die Jahre gekommen ist, aber trotzdem einen gewissen Liebreiz besitzt.

Bis zu unserem heutigen Ziel Colombey-les-Deux-Églises dürfte es jetzt noch eine gute Stunde dauern. Wir laufen die D 235 entlang, nur einmal begegnet uns ein Auto, das aber mit hoher Geschwindigkeit! Am Horizont erscheint allmählich das überdimensionale „Lothringische Kreuz", das zum Gedenken an General de Gaulle im Jahre 1972 errichtet wurde. Um 16.50 Uhr sind wir nach sechs Stunden reiner Marschzeit in Colombey. Unser Hotel „La Grange du Relais" liegt direkt an der Durchgangsstraße. Wir bekommen ein Zimmer in einem Anbau im hinteren Bereich und machen eine großartige Entdeckung: einen Pool! Wir waschen zunächst unsere Kleidung und hängen sie zum Trocknen in die Sonne. Dann gibt es kein Halten mehr: Badehose anziehen und ab ins kühle Nass. Ich glaube, wir waren fast eine Stunde im Pool. Nach dem Duschen machen wir einen kleinen Spaziergang durch den Ort.

Alles ist hier auf General de Gaulle ausgerichtet. Er hat hier seine letzten Lebensjahre verbracht und wurde auch hier beigesetzt. Der Friedhof liegt unmittelbar hinter der „Église Notre-Dame-en-Sons-Assomption", deren älteste Teile aus dem 11. Jahrhundert stammen. Nach der Besichtigung der Kirche statten wir auch dem Grab des französischen Ex-Präsidenten einen Besuch ab. Das Areal in der Nähe ist übersät mit Kondolenztafeln ehemaliger und aktiver Truppen der französischen Armee sowie anderer Gruppierungen aus dem ganzen Land. Wieder zurück im Hotel nehmen wir im schattigen Garten Platz und bestellen unser Abendessen. Wir haben uns beide für ein Menü bestehend aus Salat mit Tomaten und Mozzarella sowie „boef avec frites", entschieden. Dazu trinken wir eine Flasche Bordeaux, die uns aber etwas zu gehaltlos schmeckt. Als Dessert können wir aus verschiedenen Käsesorten wählen, den Abschluss bildet eine Portion Mousse au Chocolat. An einem der Nachbartische sitzt ein junger Mann, der nach unserer Musterung durchaus ein Pilger sein könnte. Ausschlaggebend für unser Urteil sind seine Wanderkleidung und ein Tagebuch, in das er gerade vertieft ist. Während wir noch die Reste des Desserts genießen, ist er aber schon verschwunden. Gegen 22.30 Uhr sind wir gut gesättigt und machen uns für die Nacht bereit.

Auf dem Weg nach Abainville

Blick auf unser Hotel in Grondecourt-le-Château

Dörfliche Idylle in Poisson

Unsere Unterkunft bei Valérie in Joinville

Balanceakt über einem Bach

Verdiente Abkühlung nach einem langen Tag

Blick zurück zum de Gaulle-Memorial

Abschied von Christian in Clairvaux

Montag, 28. Mai 2012
Von Colombey-les-Deux-Églises nach Clairvaux (14 km)

Heute steht für Jörg und mich der letzte gemeinsame Pilgertag an. Wir stehen bereits früh auf, ab 7.30 Uhr können wir gemäß Aushang frühstücken. So genau nimmt man es aber nicht mit der Zeit, erst eine halbe Stunde später ist angerichtet. Dafür ist das Angebot sehr reichhaltig. Es gibt Brötchen, ofenfrische Croissants, Marmelade, Kaffee, Tee oder Milch… Wir lassen es uns bereits schmecken, da betritt der junge Mann von gestern Abend den Frühstücksraum. Er wünscht uns auf Deutsch einen guten Morgen und wir fühlen uns in unserer Vermutung bestätigt. Christian kommt aus Bamberg und ist Santiago-Pilger! Wir bieten ihm gerne einen Platz an unserem Tisch an und beschließen recht bald, heute zusammen nach Clairvaux zu laufen. Christian ist 27 Jahre alt und studiert Latein, Griechisch und Geschichte. Er ist zunächst ab Ende April über Würzburg, Mainz und Bingen nach Trier zum Heiligen Rock gepilgert. Dort hat er sogar den Autor eines unserer Pilgerführer, Wolfgang Steffen, getroffen. Sein weiterer Weg führte ihn über Luxemburg, dann ist er gemäß dem Outdoor-Führer gelaufen und will über Vézelay nach St. Jean und Santiago.

Etwas später stehen wir abmarschbereit vor dem Hotel. Es geht zunächst durch den Ort, wo wir versuchen, unsere Wasservorräte aufzufüllen. Das gelingt uns dann auch in einem Andenkenladen. Wir gehen am Rande der D 23, vorbei am ehemaligen Landsitz von General de Gaulle. Der Straße folgen wir circa vier Kilometer, zweigen dann ab auf einen geschotterten Weg, der uns ständig leicht bergab in Richtung Clairvaux führt. Christian ist froh, sich nach einer Woche wieder einmal auf Deutsch unterhalten zu können. Auch für Jörg und mich kommt so etwas wie ein „Pilgerfeeling" auf. Christian ist bisher der erste Pilger, den wir unterwegs getroffen haben. Wir führen eine gute Unterhaltung und es kommt uns so vor, als würden wir uns schon seit ewigen Zeiten kennen. Leider ist unser gemeinsamer Weg bereits nach zweieinhalb Stunden in Clairvaux beendet. Wir holen uns in der Abtei, die inzwischen überwiegend zu einem Hochsicherheitsgefängnis umgestaltet ist, unseren Pilgerstempel. Anschließend kehren wir noch in einem Restaurant ein und essen eine Kleinigkeit. Ein gemeinsames Foto wird auch noch gemacht und es folgt eine herzliche Verabschiedung.

Dann wird es Zeit, dass Jörg und ich uns zur Bushaltestelle begeben, denn um 12.42 Uhr wollen wir nach Bar-sur-Aube fahren. Da heute Pfingstmontag ist, fahren wohl keine Busse, und so bleibt uns nur die Alternative, die letzten vierzehn Kilometer zu Fuß zurückzulegen. Hierfür benötigen wir etwas weniger als drei Stunden. Im Hotel „La Pomme d´Or" trinken wir zunächst einmal zwei Bier und bekommen dann unser Zimmer gezeigt. Es ist in Ordnung, jedoch müssen wir morgen auf das Frühstück verzichten, da unser Zug nach Paris bereits sehr früh fährt. Jörg wäscht noch einmal seine Bekleidung, ich verzichte heute darauf. Nach der Körperpflege machen wir einen Spaziergang durch den Ort, erkunden schon einmal den Weg zum Bahnhof. Dabei besichtigen wir noch die Église Saint-Pierre, einem frühgotischen Bauwerk mit romanischen Elementen. Auf dem Rückweg kaufen wir uns in einer kleinen Pizzeria unser Abendessen, das wir im Freien vor dem Rathaus verzehren. Für den morgigen Tag besorgen wir uns in einem kleinen Laden etwas Obst. Zum Abschluss des Tages trinken wir noch etwas im Hotel und zahlen dann unsere Rechnung. Es ist noch nicht spät, als wir unsere Ausrüstung für die Abreise zurechtlegen.

Dienstag, 29. Mai 2012
Bar-sur-Aube - Paris - Saarbrücken - Koblenz

Im Halbschlaf höre ich Vogelstimmen. Auch Jörg wird unruhig. Nach einer Weile schauen wir aus Spaß auf die Uhr und stellen voller Schrecken fest, dass wir verschlafen haben. Es waren keine Vogelstimmen, die wir seit geraumer Zeit gehört haben, das war unser Wecker! Jetzt wird es etwas hektisch. Wir ziehen uns rasch an und packen den Rest in die Rucksäcke. Nur fünfzehn Minuten später verlassen wir das Hotel und machen uns strammen Schrittes auf in Richtung Bahnhof. Wir sind rechtzeitig dort und können uns im Zug einen guten Platz aussuchen. In Paris trennen sich dann unsere Wege. Jörg fährt ab dem Gare Montparnasse über Dax und Bayonne nach Saint-Jean-Pied-de-Port, ich fahre über Saarbrücken nach Hause.

Im kommenden Jahr werden wir hier wieder in den Jakobsweg einsteigen und bis Vézelay pilgern. Ich treffe gegen 16.00 Uhr in Koblenz ein und werde von meiner Familie am Bahnhof abgeholt. Kurz darauf erhalte ich eine SMS von Jörg, der in Paris in den falschen Zug eingestiegen ist und heute nicht mehr nach Saint-Jean kommen wird. Ich buche ihm über das Internet noch ein Zimmer. Am nächsten Tag beginnt er sein Abenteuer auf dem Camino Francés und wird schließlich am 27. Juni in Santiago und am 1. Juli in Fisterra eintreffen. Aber das ist eine andere Geschichte...

Montag, 27. Mai 2013
Koblenz - Paris - Clairvaux

Es ist jetzt auf den Tag genau ein Jahr her, dass Jörg und ich unsere Pilgertour durch Frankreich in Clairvaux planmäßig unterbrochen hatten. In diesem Jahr haben sich einige einschneidende Ereignisse in mein Leben eingeschlichen, sowohl privat als auch beruflich. Heute stehe ich bereits um vier Uhr auf und schlüpfe in meine bereitliegende Kleidung, schnüre meine Wanderschuhe zu und schnalle mir den bereits am Vortag gepackten Rucksack auf den Rücken. Um 4.30 Uhr nehme ich die ersten zwei Kilometer der diesjährigen Pilgerwanderung unter meine Füße und marschiere zum Koblenzer Hauptbahnhof. Dort kaufe ich mir am gerade geöffneten Kiosk zwei belegte Brötchen und einen Tetrapack Kakao. Auf dem Bahnsteig 5 werde ich auf meinen Zug warten, der mich zunächst zum Hauptbahnhof nach Bingen mitnehmen wird.

Erfreut stelle ich fest, dass ich so früh bin, dass ich einen Zug nehmen kann, der eine Viertelstunde früher abfährt und mir in Bingen ein zusätzliches Zeitfenster von fünf Minuten für das Umsteigen anbietet. Die Fahrtzeit nutze ich, um mein Frühstück einzunehmen. Ich bin noch ein wenig schläfrig und versuche mich wach zu halten, damit ich tatsächlich in Bingen aussteige. Der Zug erreicht pünktlich Bingen und ich wechsele rasch zum Bahnsteig 202, wo mein Anschlusszug schon bereitsteht. Rund neunzig Minuten dauert die Fahrt nach Kaiserslautern mit der Regionalbahn. Die bisher angenehm verlaufende Fahrt wird auf diesem Abschnitt zunehmend unruhiger; es steigen an jeder Haltestelle Schüler und Berufstätige zu, die sich wild durcheinander die Erlebnisse des vergangenen Wochenendes erzählen.

Die Bahn ist heute extrem pünktlich, wir erreichen Kaiserslautern gemäß Fahrplan. Ich habe dort Glück, denn ich kann auf dem Bahnsteig verbleiben, muss nur die Seite wechseln. Nur wenige Minuten später kann ich in einiger Entfernung den langsam in den Bahnhof einfahrenden ICE erkennen. Ich steige in den richtigen Waggon ein und treffe dort rasch auf Jörg. Wir freuen uns beide auf unser Wiedersehen, vor allem aber auf die bevorstehenden Tage. Wir werden in Clairvaux in den Jakobsweg einsteigen und bis nach Vézelay, einem der historischen Sammelpunkte der mittelalterlichen Pilger, gehen. Während der nächsten zweieinhalb Stunden haben wir uns bei einer Geschwindigkeit bis zu 320 km/h viel zu erzählen. Gegen 9.50 Uhr steigen wir am Kopfbahnhof Paris-Est bei herrlichem Sonnenschein und angenehmen Temperaturen aus dem Zug.

In unmittelbarer Nähe des Bahnhofs nehmen wir in einem Straßen-Café Platz und bestellen uns einen café au lait. Eigentlich trinke ich gar keinen Kaffee, aber dieser ist mit sehr viel Milch angereichert und schmeckt ganz gut. Nach dem Begleichen der Rechnung beginnen wir einen Spaziergang durch das X. Arrondissement (Arrondissement de l'Entrepôt) von Paris, da unser Anschlusszug nach Bar-sur-Aube erst um 12.12 Uhr abfährt. Dabei fallen uns der viele Unrat auf dem Bürgersteig, der immense Autolärm und die unzähligen Kosmetiksalons auf. Drei Bauwerke stechen aus den Häuserzeilen heraus: das Rathaus aus dem Jahr 1896, der Porte Saint-Martin aus dem 17. Jahrhundert und die spätgotische Pfarrkirche Saint-Laurent, die im 15. Jahrhundert begonnen und im 18. Jahrhundert vollendet wurde. Am Eingang der Westfassade werden wir von einer Jakobus-Statue begrüßt. Während der kurzen Besichtigung der Kirche entzünde ich eine Kerze und bitte um eine sorgenfreie Pilgerwanderung.

Kurz vor 15 Uhr verlassen wir in Bar-sur-Aube den Schnellzug und werden mit einem Kleinbus nach Clairvaux gebracht. Unser Hotelzimmer können wir noch nicht beziehen, daher gehen wir zur ehemaligen Abtei und heutigem Gefängnis, um sie zu besichtigen. Die nächste Führung findet erst um 16.30

Uhr statt, sodass wir die bis dahin verbleibende Zeit in der nahe gelegenen „Bar St. Bernard" bei einem Bier verbringen. Von den Erläuterungen der Führung verstehen wir nicht viel, da meine beschränkten Französischkenntnisse leider nicht ausreichend sind. Die wesentlichen Informationen über die Geschichte des Klosters können wir einer Beschreibung in Deutsch entnehmen, die wir beim Einlass bekommen haben. Die meisten Gebäude sind leider in einem sehr bedauernswerten Zustand. Nur das Refektorium der Laienbrüder und deren darüber liegender Schlafsaal wurden bisher saniert und werden teilweise für repräsentative Veranstaltungen genutzt.

Auf dem Weg zurück zum Hotel treffen wir Peter aus dem Saarland, einem Radpilger der am vergangenen Donnerstag in Metz losgefahren ist und dessen Ziel ebenfalls Vézelay sein wird. Gegen 17.30 Uhr checken wir im „Hotel de l'Abbaye" ein und beziehen unser Zimmer im zweiten Stock. Danach machen wir noch einen kleinen Spaziergang zur etwas erhöht befindlichen Statue des Heiligen Bernhard von Clairvaux. Von dort hat man einen guten Ausblick auf die Abteianlage. Bisher war es sehr sonnig und warm, allmählich ziehen dunklere Wolken auf. Wir beschließen deshalb, ins Hotelrestaurant zu gehen und das Abendessen einzunehmen. Vor einem Jahr haben wir hier mit Christian, der von Bamberg über Trier nach Santiago de Compostela unterwegs war, gemeinsam zu Mittag gegessen. Heute Abend haben wir zunächst die Auswahl aus Salaten und Vorspeisen vom Buffet. Danach bekommen wir ein Steak mit Nudeln und als Dessert eine Mousse au Chocolat, dazu lassen wir uns einen halbtrockenen Rotwein schmecken. Gegen 21.00 Uhr sind wir wieder in unserem Zimmer, bereiten den folgenden Tag vor und finden rasch einen tiefen Schlaf.

Dienstag, 28. Mai 2013
Clairvaux - Essoyes (25 km)

Obwohl der Wecker auf 7.00 Uhr eingestellt ist, wachen Jörg und ich schon eine halbe Stunde früher auf. Die innere Unruhe vor dem ersten Pilgertag ließ anscheinend keinen tiefen Schlaf zu. So machen wir uns halt fertig, packen unsere Rucksäcke und gehen ins Restaurant zum Frühstück. Dort sitzen bereits einige andere Gäste, vornehmlich Handwerker auf Montage. Wir bekommen eine gute Auswahl serviert: getoastetes Baguette, Croissants, Schokocroissants, Brot, Butter, Marmelade und O-Saft. Wir bestellen uns beide einen café au lait, der mir aber zu stark ist. Nach dem ausgiebigen Frühstück begleichen wir unsere Rechnung und schultern das Gepäck. Wir wandern an der Abtei entlang auf der D12. Die Sonne lässt sich schon blicken und sorgt für eine gewisse Wärme, sie wird aber hin und wieder von vereinzelten Wolken verdrängt. Wir bleiben jetzt die nächste Zeit auf der schmalen Landstraße und müssen öfter nach links auf das Bankett flüchten, da uns in unregelmäßigen Abständen Lastwagen mit einer hohen Geschwindigkeit entgegenkommen.

Nach acht Kilometern treffen wir auf die romanische Chapelle de Mondeville, die natürlich verschlossen ist. Durch ein Guckloch kann man wenigstens einen Blick ins Innere der Kirche werfen. Unter den umstehenden Linden machen wir unsere Rast und verzehren einen Apfel. Zu unserer Rechten befinden sich die ersten Weinfelder, auf denen die Trauben für den Grundwein für Champagner wachsen. Nach einer knappen Viertelstunde geht es weiter und wir erreichen das Dorf Champignol-les-Mondeville, wo wir uns in einer Boulangerie mit einem Baguette versorgen. Hinter dem Dorf wechseln wir auf die D70, unterqueren die A5 und laufen an einem Kieswerk vorbei. Hier kommen wir richtig schön ins Schwitzen, denn es geht bis nach Saint-Usage zunächst ordentlich bergauf und anschließend abwechselnd auf und ab. Hinter der Kirche führt uns der Weg durch eine schöne Allee, an deren Beginn wir den ersten Wegweiser in Form einer Jakobsmuschel entdecken.

Nach Überwindung eines weiteren Anstiegs eröffnet sich uns gegen 12.30 Uhr am „Plateau de Blu" ein wunderschöner Ausblick in die Ferne. Von hier aus ist bereits der Funkmast von Les Riceys zu erkennen, den wir morgen passieren werden. Inzwischen haben sich am Himmel die Wolken verdichtet und es kommt zunehmend Wind auf. Auf dem Rastplatz neben einem Cadole (Unterstand in den Weinfeldern aus Stein) nehmen wir eine kleine Mahlzeit, bestehend aus Baguette und Salami zu uns. Während wir die Kleinigkeit genießen, fallen vereinzelt Regentropfen auf uns herab. Ein Blick nach oben verheißt nichts Gutes, also packen wir unsere Siebensachen und ziehen unsere Regenponchos über. Die Tropfen werden deutlich mehr und kurz vor Essoyes spazieren wir durch einen strammen Regen. In der Tourist-Info bringen wir unseren Wunsch nach einer Unterkunft für die Nacht vor. Das funktioniert auf Englisch ganz passabel. Leider erreicht die junge Frau in der von ihr gewählten Herberge niemanden. Sie spricht eine Nachricht auf den Anrufbeantworter und bittet uns, in einer Stunde noch einmal wiederzukommen.

Inzwischen schauen wir uns die Stadt ein wenig an und gehen in Richtung Kirche, die erwartungsgemäß nicht geöffnet ist. Vor einer Bar entdecken wir ein wohlbekanntes Fahrrad mit Packtaschen. Wir haben uns nicht geirrt, in der Bar sitzt Peter und trinkt einen Kaffee. Wir möchten uns gerne dazusetzen, werden jedoch von einer Bedienung darauf aufmerksam gemacht, dass bereits geschlossen sei. Komisch, auch andere Gäste haben gerade erst ihr Essen serviert bekommen. Dann eben nicht, wir können auch gerne woanders einkehren. Das machen wir auch, und zwar in einer Bar gegenüber dem Rathaus, ganz in der Nähe zur Tourist-Info. Wir ziehen unsere nassen Ponchos aus, lassen auf dem Fußboden eine Pfütze entstehen und trinken etwas. Als wir die Bar in Richtung Tourist-Info verlassen, regnet es immer noch. Zu unserer Freude bekommen wir eine Adresse genannt, bei der Pilger kostenfrei aufgenommen werden. Dort bestünde die Möglichkeit zum Kochen, wir sollten uns aber besser vorher im Supermarkt mit Lebensmitteln eindecken. Wir bedanken uns für die Mühe bei unserem ersten Engel der diesjährigen Pilgertour (ich habe vor kurzem das Buch „...und täglich einen Engel" von Regine Haumaier gelesen). Im Supermarkt haben wir es uns einfach gemacht: es gibt heute Abend Spaghetti mit Tomatensoße mit Baguette und einer Flasche Rotwein. Für das Frühstück nehmen wir gleich noch ein Baguette und einen Weichkäse mit. Gegen 16.00 Uhr betreten wir den Hof der Familie Chevalier in der Rue Auguste Renoir. Unter der Klingel an der Hofeinfahrt werden wir von einer Jakobsmuschel begrüßt, im Hof selbst vom Sohn der Eigentümer.

Er zeigt uns in einem Anbau einer Gerätehalle die Unterkunft: einen großen Aufenthaltsraum mit offenem Kamin, drei Zimmer mit je vier Betten (mit Bettwäsche und Handtüchern), saubere sanitäre Anlagen und eine große Küche mit allen möglichen Geräten. Wir vermuten, dass hier zu Erntezeiten Saisonarbeiter ihr Domizil haben. Wir fühlen uns sofort wohl und sind sehr zufrieden, bedanken uns schon einmal ganz herzlich. Die anschließende Dusche weckt wieder sämtliche Lebensgeister. An meinen Füßen machen sich, wie im vergangenen Jahr, einige rötliche Flecken bemerkbar. Das brauche ich nicht schon wieder. Kurz darauf fragt der Hausherr selbst nach, ob alles in Ordnung sei. Nachdem die nasse Bekleidung zum Trocknen aufgehängt worden ist, nehmen wir die Küche in Beschlag und bereiten unser Abendessen zu. Abschließend machen wir wieder „Klar Schiff" und begeben uns zur Ruhe.

Mittwoch, 29. Mai 2013
Essoyes - Les Riceys (18 km)

Ich glaube, wir brauchen gar keinen Wecker mehr zu stellen, da wir sowieso früher aufwachen. Wir machen uns frisch und bereiten anschließend unser kleines Frühstück zu. Jörg kocht sich etwas Kaffee und wir verzehren unser Baguette und etwas Käse. Nachdem wir das genutzte Geschirr abgespült und weggeräumt haben, ist nun das Gepäck dran. Die Rucksäcke sind rasch gepackt. Wir hinterlassen einen Zettel mit ein paar Dankesworten an die Familie Chevalier, dazu legt jeder von uns einen 10-Euro-Schein. Gegen 08.45 Uhr verlassen wir unsere Unterkunft und gehen auf der D67 stadteinwärts, wo wir zum einen das noch heute in Familienbesitz befindliche Haus von Pierre Auguste Renoir passieren, zum andern in einer Boulangerie ein frisches Baguette kaufen. Es ist trocken, bewölkt und ich schätze die Temperatur um die zehn Grad.

Über einen Feldweg laufen wir auf einen Wald zu und werden von zwei Autos überholt. Am Waldrand treffen wir auf eines der Fahrzeuge, aus dem ein älterer Herr aussteigt und sich mit uns unterhält. Wenn ich alles richtig verstanden habe, war er im Krieg Soldat in der Nähe der deutsch-französischen Grenze. Er wünscht uns zum Abschied eine gute Zeit auf dem Jakobsweg und verwendet dabei sogar ein paar deutsche Wörter. Es geht nun etwas steil durch ein kleines Tal mit Wald und Weinfeldern bergauf, an dessen Ende wir auf die D70 stoßen. Dieser folgen wir nach rechts und bleiben eine Zeit lang auf ihr. An einer Schutzhütte, die sogar mit einem offenen Kamin ausgestattet ist, müssen wir in einen Wald einbiegen. Der Untergrund ist von den Regenfällen der letzten Tage aufgeweicht und mit großen Pfützen übersät. Unser Führer beschreibt an dieser Stelle den Wegverlauf etwas unklar, sodass wir erneut auf die D70 treffen. Zunächst überlegen wir uns, auf der Landstraße zu verbleiben, nehmen dann aber doch die nächste Möglichkeit, um nach links wieder in Richtung Wald zu gehen. Grund dafür sind die zahlreichen Lastwagen, die uns mit hoher Geschwindigkeit entgegenkommen. Wir orientieren uns anhand der Landkarte und liegen damit gar nicht so falsch. Der eingeschlagene Weg bringt uns tatsächlich zurück auf die ursprüngliche Route abwärts nach Courteron. Hier gibt es sogar eine Rundwanderung zu den vorhandenen Cadoles.

Am Ortsrand von Courteron biegen wir nach links ein und überqueren die hier noch sehr schmale Seine sowie die D671. Es liegt wieder einmal ein Anstieg vor uns, vorbei an blühenden Raps- und Getreidefeldern, die hier außergewöhnliche Größen haben. Manchmal habe ich den Eindruck, dass Ausmaße von einem Kilometer und mehr normal sind. Das Geländeprofil wechselt nun ständig. Hinter einer Waldpassage türmt sich vor uns der Funkmast von Les Riceys auf, den wir bereits gestern am „Plateau de Blu" sehen konnten. Hier dominieren wieder Weinfelder, an deren Rand Holzstämme gelagert werden. Das ist der ideale Ort, um eine Pause für unsere Mittagsrast einzulegen. Heute gibt es Baguette, Salami und Äpfel. Nach einer guten halben Stunde packen wir alles zusammen und machen uns wieder auf den Weg, der sich jetzt leicht bergab durch die Weinfelder schlängelt. Gegen 13.00 Uhr haben wir einen ersten Blick auf Les Riceys (das aus den drei Ortsteilen Riceys-Bas, Riceys-Haut-Rives und Riceys-Haut besteht) und erreichen am Waldrand die kleine Chapelle Saint-Jacques, die sich jedoch in einem erbarmungsvollen Zustand befindet.

Es sind nur noch ein paar Minuten, bis wir den Ortsteil Riceys-Haut-Rives durchqueren. Wir kommen an der verfallenen Église Saint-Jean-Baptiste vorbei, in die man durch ein Gitter hineinschauen kann. Es bietet sich das Bild eines einst wohl prächtigen Gotteshauses, das heute vom Verfall gezeichnet ist. Das Langhaus ist leergeräumt, die Kanzel ist zum Schutz mit Planen abgedeckt, an der Decke sind Fangnetze angebracht. Die Kirche ist sicherlich erhaltenswert, besonders auch aufgrund der wunderschönen Buntglasfenster im Chor. Schließlich finden wir in einem Park das schlossähnliche Rathaus und treffen vor der Gemeindeherberge erneut auf Peter, der die letzte Nacht hier verbracht hat. Das Rathaus gleicht eher einem kleinen Schlösschen. Das Gemeindebüro öffnet erst um 14.00 Uhr. Da Peter noch den Schlüssel für die Herberge hat, zeigt er uns die Räumlichkeiten. Die Zimmer sind einfach, die Küche ist mit dem Nötigsten ausgestattet. Damit Peter seine Reise fortsetzen kann, übernehmen wir den Schlüsselbund von ihm und warten auf den Treppenstufen des Rathauses. Pünktlich erscheint die Gemeindemitarbeiterin, der ich, wie ich meine, in einem fast fehlerfreien Satz auf Französisch mitteile, was es mit dem Schlüssel und mit uns auf sich hat. Sie weist uns ein Zimmer zu und wir nutzen die Duschen, die sich in einem sehr guten Zustand befinden. Mir ist es heute nicht so gut. Ich habe den Eindruck, etwas erhöhte Temperatur zu haben, in meiner rechten Hüfte zieht es etwas und meine Füße weisen leicht rote Flecken auf.

In einem Supermarkt decken wir uns mit Lebensmitteln für den heutigen Abend ein, genehmigen uns zum sofortigen Verzehr einen Trinkjoghurt. Da wir beide ein wenig müde von der eigentlich kurzen Etappe sind, legen wir uns für eine Weile auf die Betten. Gegen 18.30 Uhr werde ich wach, Jörg war schon vorher aufgestanden und ist an die frische Luft gegangen. Zum Abschluss des Tages kochen wir die eingekaufte mediterrane Nudelpfanne und trinken eine Dose Bier dazu. Auch heute gehört, wie am Vortag, der Abwasch dazu, wir wollen schließlich alles sauber für unsere Nachfolger hinterlassen. Wir entscheiden uns danach zu einem kurzen Verdauungsspaziergang durch den Ort, der wie ausgestorben wirkt. Keine Menschenseele ist auf der Straße. Der Himmel zieht sich allmählich zu und es fallen vereinzelt Regentropfen. Das ist das Signal für uns, zurück zu unserer Unterkunft zu eilen. So ist es heute 20.30 Uhr, als wir uns in unsere Schlafsäcke verkriechen und den Tag beenden.

Donnerstag, 30. Mai 2013
Les Riceys - Étourvy (22 km)

Trotz einer eher unruhigen Nacht werden wir heute erstmalig nach einem lärmigen Geräusch des Weckers wach, bleiben aber etwas liegen. Irgendwann ist es dann doch an der Zeit, aufzustehen und sich für den Tag vorzubereiten. Wir nehmen ein karges Frühstück ein, das aus einem Baguette und einem scharf riechenden Weichkäse besteht. Um 8.30 Uhr sind wir schließlich soweit, dass wir den Schlüssel im Gemeindebüro abgeben und uns auf den Weg machen. Wir verlassen Les Riceys in Richtung Westen auf der D17, die wir gemäß Führer nach wenigen Schritten nach links auf einem Grasweg verlassen sollen. Wir entschließen uns jedoch aufgrund der nach den Regenfällen schlechten Beschaffenheit der Wege auf der Straße zu bleiben, zumal wir dadurch noch ein paar Meter Weg einsparen.

Inzwischen hat es wieder leicht zu regnen begonnen und wir werfen uns die Regencapes über. Die zum Glück wenig befahrene Landstraße ist recht wellig mit einigen An- und Abstiegen. Schließlich erreichen wir Bagneux-la-Fosse und machen an der verschlossenen Kirche eine erste kurze Pause. Es ist mit rund 12 Grad weiterhin zu kalt für die Jahreszeit, dazu weht ein mittlerer Wind und am Himmel sieht alles grau aus. Die Sonne ist heute gar nicht zu sehen. Zu unserem Glück hat es aufgehört zu regnen. Da ich friere, ziehe ich meine etwas dickere Sportjacke an. Dann geht es weiter. Wir überwinden einen kleinen Hügel und sehen schon von weitem trotz Nebelschwaden einen kleinen See, der bei schönem Wetter zu einer Rast eingeladen hätte. So ziehen wir daran vorbei und gelangen nach Bragelogne, wo wir in einer Boulangerie noch ein Baguette kaufen. Hinter dem Örtchen geht es leicht aufwärts bis zur D82, der wir nach Villers-le-Bois folgen. Hier machen wir an einer überdachten Bushaltestelle unsere zweite Rast für heute und vertilgen Baguette und Salami.

Erneut widersetzen wir uns dem Vorschlag des Wanderführers, der uns durch eine Waldpassage leiten will. Wir entschließen uns, wie heute Morgen, auf der Straße zu bleiben. Dieses Mal ist es ein kleiner Umweg, aber wir behalten unsere trockenen Füße. So erreichen wir Étourvy, ein 200-Seelen-Dorf von der entgegengesetzten Seite. Wir finden sehr schnell unsere Unterkunft und lassen uns im Hof des „Foyer rural de grand Secteur" nieder. Es dauert nicht allzu lange, bis ein Mitarbeiter uns entdeckt. Er erledigt die Formalitäten und wir bezahlen unser Zimmer. Anschließend zeigt er uns das Zimmer, das „Pilgerrestaurant" und öffnet für uns den kleinen Hofladen. Mit einer Einkaufsmöglichkeit haben wir in Étourvy nicht gerechnet. Dort können wir uns mit allem Notwendigen für den nächsten Tag eindecken. Im Zimmer pflegen wir unsere Ausrüstung und uns selbst (herrlich: eine heiße Dusche!). Meine Füße sehen immer besser aus, die roten Flecken breiten sich aus. Dazu zieht es etwas in der rechten Hüfte.

Nach einer kurzen Erholung im Land der Träume gehen wir um 18.30 Uhr in das Nachbargebäude, in dem neben dem „Pilgerrestaurant" noch eine große Küche und zwei Säle für Veranstaltungen untergebracht sind. In unserem Bereich finden wir alles, was wir benötigen: Mikrowelle, Kaffeemaschine, Tee, Kaffee... Das Abendessen wartet bereits im Kühlschrank auf uns: Salatteller (Rote Beete, Tomaten, gekochte Eier), Schweinebraten mit Butterreis und als Dessert Apfelkuchen. Eine Karaffe Wein ist ebenfalls für uns vorbereitet. Im für uns bereitgelegten Gästebuch finden wir einen Eintrag von Christian aus Bamberg, mit dem wir im vergangenen Jahr bis Clairvaux gepilgert sind. Er war genau ein Jahr vor uns in dieser Herberge. So verbringen wir in dem gewölbeartigen Raum einen schönen Abend, den wir gegen 21.00 Uhr beenden.

Freitag, 31. Mai 2013
Étourvy - Tonnerre (19 km)

Da wir heute nicht so lange unterwegs sein werden, dösen wir, trotz Wecker um 7.00 Uhr, noch lange in unseren Betten vor uns hin und ruhen uns richtig gut aus. Wir gehen erst spät zum Frühstück, das bereits gestern bei unserer Ankunft bereit war. Es gibt ein Baguette, verschiedene Sorten Marmelade und Honig, Cerealien, Milch, Kaffee und Tee. Nach dem Abwasch machen wir uns fertig und verlassen um 10.15 Uhr unsere Unterkunft. Es ist kalt, grau und bewölkt. Ich trage heute Sandalen, um meine Füße von weiteren Druckstellen zu verschonen. Nach rund 200 Metern müssen wir über einen Grasweg gehen, der klatschnass ist. Also wechsele ich doch in meine Wanderstiefel und verstaue stattdessen die Sandalen im Rucksack.

Der Grasweg führt uns zum Teil rechts steil oberhalb von Étourvy, das wir wegen aufsteigendem Nebel kaum sehen können. Ich bin froh, dass ich feste Schuhe an den Füßen habe, denn der Weg ist uneben, matschig und damit auch rutschig und nass. Wir erreichen die D82, auf der wir nur ein kurzes Stück bleiben und hinter einer Schutzhütte leicht bergab weiterwandern. Auf dem Bergrücken zwickt es in meinem linken Schuh. Ich kontrolliere die Stelle vorsichtshalber, kann aber nichts feststellen. Nachdem die Socke etwas zurechtgerückt wurde und ich wieder marschbereit bin geht es weiter. Wir befinden uns auf einer Hochebene und laufen gefühlt im Zickzack durch Getreidefelder, die außergewöhnliche Abmessungen haben. Inzwischen regnet es mal wieder so stark, sodass unsere Ponchos zum Einsatz kommen. Nachdem wir eine Stunde später in Mélisey ankommen, lässt der Regen nach und wir verstauen die Ponchos in den Rucksäcken.

Hinter Chamelard sollen wir laut unserem Führer nach links durch ein Tal zu einem Bauernhof gehen, doch die Niederschläge der vergangenen Tage haben den Zugang derart unter

Wasser gesetzt, dass an ein Durchkommen nicht zu denken ist. Selbst die angrenzende Wiese ist knöchelhoch mit Wasser gefüllt. Wir haben keine Lust auf nasse Stiefel und entscheiden uns nach Kartenstudium, weiter geradeaus zu laufen. Das ist eine gute Idee gewesen, denn wir kommen genau an dem beschriebenen Bauernhof heraus. Leider regnet es wieder in Strömen, schlimmer als heute und die Tage zuvor. Hinter einem zweiten Bauernhof stoßen wir auf die D944, der wir ein Stück folgen und schließlich überqueren, um in einen Wald zu gelangen. Allmählich steigt die Nässe die Hosenbeine hoch, die Stiefel stehen unter Wasser und unter dem Poncho ist es auch nicht mehr trocken. Trotzdem genehmigen wir uns eine kurze Auszeit, um eine Kleinigkeit zu essen. Vor uns tut sich eine Ortschaft auf, die wir zielstrebig ansteuern: Épineuil. Wir marschieren durch die menschenleere und für uns vernachlässigt wirkende Hauptstraße bis zum fließenden Übergang nach Tonnerre. Gegen 15.00 Uhr sind wir bei unserer heutigen Unterkunft, der „Ferme de la Fosse Dionne" in einer kleinen Gasse. Unmittelbar davor rauscht nur noch das Wasser aus einer Karstquelle, um die 1758 ein Waschhaus errichtet wurde. Der Regen hat aufgehört.

Der Hausherr zeigt uns unser Zimmer, das wir erschöpft und erwartungsfroh beziehen. Endlich können wir uns der nassen Bekleidung entledigen und nehmen eine heiße Dusche. Anschließend drehen wir sämtliche Wärmequellen auf, die unser Zimmer hergibt, und hängen Jörgs Wanderstöcke mit Hemden, Hosen und Socken darüber. Selbst unsere Wanderstiefel müssen dran glauben und werden direkt über einem Heizkörper platziert. Wir sind voller Hoffnung, dass morgen früh alles trocken ist. Wir sind sehr zufrieden mit der Unterkunft. Schade, dass wir wegen des schlechten Wetters keine Gelegenheit haben, im Hof einen Drink zu uns zu nehmen. Das verlegen wir halt in die Schankstube, die stilvoll mit zahlreichen antiquierten Grammophonen ausgestattet ist. Auf Empfehlung des Wirtes trinken wir ein Bier aus Burgund. Es schmeckt lecker. Tja, wir sind jetzt im Burgund, haben die Champagne hinter uns gelassen und nicht ein Glas des edlen Getränkes zu uns genommen, Hammer! Leider können wir im Haus kein Abendessen bekommen, (obwohl es bestellt war), denn die Küche wird renoviert. Der Wirt gibt uns ein paar Tipps, wo man gut essen kann. Diese Häuser sind uns jedoch etwas zu gehoben. Wir schauen uns die Stadt an und sind überrascht von den riesigen Ausmaßen des Hotel Dieu, einem Hospital aus dem Jahre 1293.

Schließlich kehren wir gegen 18.30 Uhr in einer unscheinbaren Pizzeria ein. Neben Bier und Cola bestellen wir uns als Vorspeise einen Salat, der frisch zubereitet wird und üppig ausfällt. Die Bestellung der Pizza gestaltet sich etwas schwierig. Jörg möchte auf seiner Pizza zusätzlich Sardellen haben, was wir dem Wirt leider nicht erklären können. Als auf meinem Salat Sardellen auftauchen, frage ich ihn einfach, wie man sie in Frankreich nennt: anchois. Und so bekommt Jörg auf seine Pizza doch noch Sardellen. Wir haben uns mit unserer Auswahl etwas übernommen und sind richtig satt, als wir nach einem kurzen Verdauungsspaziergang um 21.00 Uhr unsere Unterkunft erreichen.

Die erste Jakobsmuschel in St. Usage

Aussichtspunkt Plateau de Blu

Durch Felder hinter Courteron

Das Rathaus in Les Riceys, links daneben die Herberge

Wegweiser in Bagneux-la-Fosse

Kurz vor dem Abmarsch in Étourvy

Alles ist nass - Trockenlegung der Kleider in Tonnerre

Blick auf Chablis

Samstag, 1. Juni 2013
Tonnerre - Chablis (18 km)

Trotz der Hitze in unserem Zimmer haben wir gut geschlafen und werden erst um 7.30 Uhr wach. Die nicht gerade umweltfreundliche Trocknungsaktion zu Gunsten unserer Kleidung und Stiefel war erfolgreich. Ich öffne das Fenster und der erste Blick nach draußen lässt endlich einen schönen Tag erahnen. Am blauen Himmel schweben vereinzelt weiße Wolken und die Sonne lächelt mich bereits mit einer angenehmen Wärme an, als wolle sie sich für die vergangenen vier Regentage entschuldigen. So gehen wir gut gelaunt zum Frühstück, das in einem offenen Raum in einer Zwischenebene des Hauses serviert wird. Es gibt Kaffee, heiße Schokolade, Cerealien, geröstetes Baguette, Croissants, Orangensaft und selbstgemachte Marmeladen. Zwei französische Ehepaare leisten uns Gesellschaft, wenn auch nur körperlich.

Anschließend verpacken wir unsere Sachen, schultern die Rucksäcke und gehen in die Schankstube zum Bezahlen. Dort sitzt inzwischen eine größere Gruppe älterer Herrschaften beim Frühstück, die sich von uns aber nicht stören lässt. Einige Augenpaare können sich jedoch nicht gegen ihre Neugier wehren und beobachten uns freundlich. Vom Wirt lassen wir uns vor seinem Haus photographieren und machen uns um 9.15 Uhr auf den Weg. Zunächst geht es einige Treppenstufen steil aufwärts zur Église Saint Pierre, die jedoch leider verschlossen ist. Von außen ist ihre eigenartige Architektur zu erahnen. Wir hätten sie uns gerne von innen angesehen. Dafür werden wir mit einem grandiosen Blick auf die frühlingshaft angestrahlten Dächer von Tonnerre entschädigt. Bereits nach 400 Metern bergauf wird es uns zu warm und wir entledigen uns der langen Jacken. Noch herrscht eine angenehme Kühle vor, doch es wird sicherlich noch wärmer werden. Heute hängt eine völlig andere Grundstimmung in der Luft, die Jörg und ich erfreut aufsaugen. Um uns herum zwitschern zahlreiche Vögel und wir hören aus den anliegenden Wiesen die Grillen zirpen. Das sind gute Zeichen für einen trockenen Tag.

Es geht weiterhin bergauf bis zu einem Bauernhof, an dem wir rechts vorbei auf einer Hochfläche wandern. Anschließend laufen wir an einem Waldrand vorbei, passieren die Gehege einer Wildschweinzucht und unterqueren eine TGV-Trasse. Während den fünfzehn Minuten, in denen wir die Bahnlinie im Blickfeld haben, rasen mindestens zehn Züge vorbei. Wir erreichen das Dorf Tissey und dürfen dahinter wieder einmal bis zu einer Hochebene gehen. Die heutige Etappe scheint sehr hügelig zu werden. Die Dörfer liegen grundsätzlich in tiefen Tälern und wir müssen auf den vorgesehenen Wegen ständig mehr oder weniger große Höhenunterschiede bewältigen. Die Wege sind trotz der Regenperiode in einem vernünftigen Zustand. Das ist gut so, unsere Schuhe bleiben trocken. Kurz vor Collan machen wir eine erste Pause und lassen uns auf einem Holzstapel nieder. Bei der Fortsetzung des Pilgerweges stellen wir fest, dass unsere Hosen nun mit kleinen Harzflecken versehen sind. Hinter Collan führt unser Weg zunächst leicht ansteigend, dann flach bleibend, durch Getreidefelder, die schließlich von den ersten Weinfeldern abgelöst werden. Dort sind einige Winzer mit Pflegearbeiten an den zumeist flachwüchsigen Rebstöcken beschäftigt.

Endlich geht es über eine Betonrinne abwärts und vor uns ist das Tagesziel Chablis zu sehen, der Heimat hervorragender Weine. Zunächst entfernen wir uns scheinbar in einem Linksbogen von der Stadt. Wir überqueren die D965 und gelangen aus südöstlicher Richtung an Kleingärten, einem Campingplatz und dem noch reißenden Flüsschen Serein vorbei ins Stadtzentrum. Unsere Unterkunft ist im ersten Stock eines Fachwerkhauses. Im Untergeschoß befindet sich der Shop eines Weingutes. Dort bekommen wir auch den Schlüssel für das Appartement mit Küchenzeile und können direkt die Rechnung bezahlen. Die Dusche tut gut und unsere Kleider haben sich endlich wieder eine Wäsche verdient. Bevor wir einen Stadtrundgang machen, kosten wir von dem Weißwein des Weingutes, der zur Begrüßung auf dem Tisch stand. Wir sind begeistert. Auf dem Weg zur Église Saint Martin treffen wir in einer Gasse Roland aus Bad Camberg, den wir als Pilger aufgrund seiner Jakobsmuschel am Rucksack erkennen. Vor ein paar Tagen hatte Peter schon von ihm gesprochen, aber wir hätten nicht damit gerechnet, ihn zu treffen. Roland geht nur noch bis Auxerre. Seine Frau trifft heute in seinem Hotel ein und er wird morgen in Auxerre von ihr mit nach Hause genommen. Wir verabreden uns für morgen am Marktplatz gegen 9 Uhr, um gemeinsam nach Auxerre zu pilgern.

Leider ist die Kirche verschlossen, doch wir haben Glück. Ein Stadtführer erzählt einer Gruppe Interessantes über die Kirche und geht dann mit ihr hinein. Jörg und ich schließen uns einfach an. Die Kirche ist sehenswert und ich nutze die Gelegenheit zu einem kurzen Dankgebet. Gerade als wir die Kirche verlassen wollen, tritt Roland ein. Wir treffen ihn wenig später noch ein drittes Mal in einem kleinen Supermarkt, wo wir für die beiden nächsten Mahlzeiten einkaufen: Paella, Eier und ein paar Snacks für den Abend. Auf dem Rückweg zu unserer Unterkunft besorge ich mir noch in der Tourist-Info den Pilgerstempel von Chablis. Bei dem jungen Mann im Weinshop kaufe ich zudem eine Flasche Wein, die wir als Gäste des Hauses sogar etwas günstiger bekommen. Nach dem Kochen und Abwaschen machen wir es uns auf dem Schlafsofa gemütlich und sehen uns das Pokalendspiel im Fernsehen an.

Sonntag, 2. Juni 2013
Chablis - Auxerre (20 km)

Ich habe eine richtig miese Nacht hinter mir. Seit gestern Nachmittag leide ich unter leichtem Durchfall. Bis 1.00 Uhr musste ich gleich dreimal auf die Toilette und habe danach kaum geschlafen. Irgendwann muss ich wohl doch noch eingeschlafen sein, wache aber bereits gegen 6.30 Uhr wieder auf. Von draußen dringt Lärm in unser Appartement. Heute, am Sonntag, findet in Chablis ein großer Markt statt, der gerade aufgebaut wird. Ich habe immer noch ein Problem mit dem Verdauungstrakt und verzichte deshalb auf das Frühstück. Ein Pfefferminztee muss heute Morgen zunächst ausreichen. Jörg bummelt schon einmal über den Markt, während ich mir das bunte Treiben vom Fenster aus dem ersten Stock ansehe. Unmittelbar vor unserem Haus befindet sich ein Hähnchengrill. Auf mehreren Spießen drehen sich große Hähnchen vor dem Feuer und mir läuft bei den verlockenden Düften das Wasser im Munde zusammen. Am liebsten würde ich ja um diese Uhrzeit...

Um 9.00 Uhr verlassen Jörg und ich unsere Unterkunft und gehen zum vereinbarten Treffpunkt mit Roland, der jedoch nicht erscheint. So gehen wir, wie gestern vereinbart, alleine los. Ich habe heute erneut meine Sandalen an den Füßen. Wir lassen es uns aber nicht nehmen, die Marktstände zu inspizieren. Es werden zahlreiche Spezialitäten aus der Region wie Honig, Obst, Wurst, Schinken oder Käse angeboten. An einem Stand knetet eine Frau mit ihren Händen in einer rötlichen Masse und füllt diese schließlich in Därme zu Würsten ab. Ich darf mir das alles gar nicht ansehen. All die Leckereien, und ausgerechnet jetzt streiken Magen und Darm. So kaufe ich mir für unterwegs ein paar Bananen, damit ich zumindest später etwas essen kann. Wir verlassen Chablis auf der Hauptstraße und wenden uns an einem Kreisverkehr nach links in Richtung Milly. An der Église Saint-Sébastien biegen wir nach rechts ab und erklimmen einen sehr steilen Weinberg. Hier oben erreichen wir die Weinlage Côte de Lechet, eine der edelsten und mit dem Prädikat „Premier Cru" versehen. Nach einem Abstieg umrunden wir den Étang de Beines, einen kleinen See, an dem einige junge Leute campen und angeln. Eigentlich möchten wir eine Rast einlegen, doch trotz schönem Wetter und angenehmen Temperaturen weht ein kühler Wind. So dauert es noch ein paar Kilometer, bis wir das Dörfchen Beine hinter uns gelassen haben und uns an einer Weggabelung niederlassen. Ich verzehre eine Banane, ein paar getrocknete Aprikosen und salzige Pistazien.

Die Fortsetzung des Weges erweist sich als etwas schwierig. Die Beschreibung im Führer deckt sich nicht unbedingt mit den tatsächlichen Gegebenheiten. Wir haben wieder einmal einen Anstieg vor uns und landen auf einer kleinen Landstraße, der wir in einem Linksbogen folgen sollen. Nach Studium der Landkarte hätten wir schon längst einen Abzweig nach links nehmen müssen, den wir bisher aber noch nicht gesehen haben. Ein Blick in Karte und Landschaft lässt uns zu der Entscheidung kommen, in das vor uns liegende Tal hinabzusteigen und auf der anderen Seite über einen Weg die dahinter liegende Straße zu erreichen. Dort angekommen, zeigt sich unser guter Spürsinn, wir sind absolut richtig und oh Wunder, hundert Meter weiter stößt von rechts kommend ein Weg auf den unseren. Diesen hätten wir eigentlich gehen sollen. Das Gelände bleibt weiterhin hügelig und so wandern wir auf und ab bis nach Venoy, wo wir auf einer niedrigen Mauer eine weitere Pause einlegen. Mir geht es weiterhin ganz gut. ich hoffe, dass sich durch die heutige Diät meine Verdauungsprobleme erledigt haben. Schließlich laufen wir über eine Autobahnbrücke und gehen hinter Egriselles durch Wiesen und Felder. Von hier aus sieht man bereits sehr gut die Türme der Kirchen von Auxerre. Unser Weg führt uns allmählich abwärts ins Tal der Yonne und gegen 15.00 Uhr erreichen wir Auxerre. In einer Bar nehmen wir zunächst ein Getränk zu uns, anschließend machen wir uns auf die Suche nach unserer Unterkunft, dem Maison des Randonneurs, einer Art Jugendherberge.

Auf dem Gelände der Herberge findet heute ein großes Fest statt. Zahleiche Naturschutz- und Menschenrechtsorganisationen informieren an ihren Ständen, für das leibliche Wohl ist auch gut gesorgt. Den Herbergsvater finden wir durch Zufall unmittelbar vor dem Eingang. Er berät gerade ein paar junge Leute zum Thema Fahrrad. Für unser Zimmer bekommen wir zwar keinen Schlüssel, aber es gibt einen schönen Pilgerstempel. Was folgt? Waschen, duschen, ausruhen. Als alles fertig hergerichtet ist, begeben wir uns auf Erkundung in die Stadt. Als erstes besichtigen wir die Église Saint-Pierre. Durch die mittelalterlichen Gassen, die mit bunten Fachwerkhäusern gesäumt sind, finden wir schließlich die Kathedrale Saint-Etienne, die im hellen Sonnenlicht erstrahlt. Die Kirche erscheint mir monumental. Besonders imponiert mir das Tympanon des Hauptportales. Ich kann mich gar nicht satt sehen an der Bildersprache der Künstler. Beim Betreten der Kathedrale mache ich einen persönlichen Zeitsprung und befinde mich um einige hundert Jahre zurückversetzt. Mich umgibt eine Aura des Alten, Vergangenen. Ich lasse mich in der Nähe des Hochchores, wo gerade eine Marienandacht gefeiert wird, zu einem Gebet nieder. In einem Verkaufsraum für Bücher und Tonträger zur Kathedrale bekomme ich einen weiteren Stempel für den Pilgerpass.

Nun treibt uns der Hunger an, doch wir finden weder ein geöffnetes Lokal noch eines, das uns gefällt. Wir landen schließlich bei einem Kurden, der einen Döner-Laden betreibt. Bei der Bestellung erzählt uns der Deutsch sprechende Inhaber, dass er drei Jahre bei seinem Bruder in Berlin gearbeitet hätte. Er serviert uns einen Kebab-Teller mit verschiedenen Saucen, die alle sehr lecker sind. Dazu bekommen wir Salat und Kartoffelecken. Das war die richtige Wahl. Wir sind satt geworden, es hat geschmeckt und wir hatten eine nette Unterhaltung. Mich freut allerdings, dass ich das Essen sehr gut vertragen habe und keine weiteren Schwierigkeiten mehr habe. Zum Abschluss spendiert er uns noch türkischen Kaffee und Tee. Mit einem herzlichen Dank verabschieden wir uns und gehen zurück zur Unterkunft. Dort schreibe ich noch die Ereignisse des Tages auf, während Jörg sich mit drei Franzosen im Hof unterhält, die mit den Aufräumarbeiten des inzwischen beendeten Festes beschäftigt sind. Die drei sind allesamt mindestens einen Kopf kleiner als Jörg. Und: Jörg spricht kein Französisch, die Franzosen im Prinzip weder Deutsch noch Englisch, aber es funktioniert. Ich gehe auch noch einmal nach draußen und schalte mich in die Unterhaltung ein, mache zum Abschluss des Tages noch ein schönes Photo von Jörg und seinen drei kleinen französischen Freunden. Gegen 21.00 Uhr verschwinden wir in unseren Schlafsäcken.

Montag, 3. Juni 2013
Auxerre - Cravant (20 km)

Heute steht uns eine sehr leichte Etappe nach Cravant bevor. Deswegen lassen wir uns auch sehr viel Zeit, stehen spät auf und verpacken schon einmal unsere Ausrüstung. Um 8.30 finden wir uns in der Küche der Herberge ein, wo für uns der Tisch gedeckt ist. Das Frühstück ist in Ordnung, eben typisch französisch mit Baguette, Butter, Marmelade und Kaffee bzw. Tee. Damit kommen wir sehr gut zurecht, zumal das französische Baguette deutlich besser im Geschmack ist als bei uns in Deutschland. Gegen 9.00 Uhr verlassen wir die Herberge und gehen zurück an die Yonne. Von der Flussbrücke haben wir noch einmal einen traumhaften Blick auf die Kathedrale, die bereits um diese Zeit von der Sonne angestrahlt wird. Während Jörg noch einmal seine Stiefel auszieht und den Sitz seiner Stützstrümpfe korrigiert, nutze ich die Gelegenheit, um auf der Brücke noch ein schönes Photo zu machen.

Viel gibt es heute nicht zu berichten. Wir wandern eigentlich die ganze Zeit am Canal du Nivernais bzw. der Yonne entlang. Kurz vor Vaux werden wir von einer Gruppe Fahrradfahrern aus England überholt. Bevor der asphaltierte Leinpfad auf eine Landstraße stößt, macht die Gruppe einen kurzen Halt und wir werden von einem älteren Herrn angesprochen, führen eine nette Unterhaltung über unser Vorhaben und unsere Herkunft. Im Laufe der nächsten Kilometer haben wir auf dem Kanal in Form von zwei Booten Gesellschaft. Wir holen sie an den zahlreichen Schleusen immer wieder ein. Auf unserem weiteren Weg machen wir vor Vincelles auf einer Bank eine Pause und lassen Luft an unsere Füße. Ein kleiner Imbiss darf nicht fehlen. Hier werden wir letztmalig von den zwei Booten überholt. Gegen 14.00 Uhr treffen wir in Cravant ein. Vor dem Stadttor steht zum ersten Mal ein Hinweis auf unser diesjähriges Ziel Vézelay. Unsere Unterkunft, das Hotel St. Pierre, ist noch verschlossen. Es öffnet eigentlich erst eine

Stunde später, doch durch einen Handwerkertermin erscheinen die Eigentümer heute etwas früher und wir können unser Zimmer beziehen. Wir werden von einem pastellfarbenen Raum überrascht und verfallen zunächst in unser tägliches Ritual: waschen, duschen, trocknen. Ich hänge meine nassen Sachen nach draußen, später bietet sich die deutsch sprechende Wirtin an, sie in den Trockner zu werfen.

Nach einer Ruhephase schauen wir uns Cravant ein wenig genauer an, bleiben aber an der nächsten Ecke in einer Bar hängen und genehmigen uns ein Bier und ein Eis. Dabei nervt uns eine Französin, die sich in Blickweite von uns mit einem Bekannten bei laufendem Motor ihres Rasenmähers eine geschlagene Viertelstunde unterhält. Unser Abendessen nehmen wir im Hotelrestaurant ein. Außer uns sind noch ein schwedisches Ehepaar sowie fünf weitere Gäste anwesend. Wir entscheiden uns für ein Menü, das verhältnismäßig preiswert und vor allem vielversprechend klingt: Cappuccino von Leberpastete und Gemüsecremesuppe, garniert mit Sahne und Schokopulver; Törtchen von Lauchgemüse und Riesencrevettes; Rinderfilet mit Rotweinsauce, Tomaten, Zuccini, Karotten und Gratin aus violetten Kartoffeln; Melonenkugeln und Schokotaler mit Vanilleeis. Dazu trinken wir einen 2010er Chitry Vin Rouge. Die Speisen sind liebevoll angerichtet und schmecken toll. Die Wahl hat sich gelohnt, wir sind satt und müde. Morgen steht uns die Königsetappe mit rund 34 Kilometern nach Vézelay bevor. Wir möchten uns gerne früh auf den Weg machen und gehen deshalb nach dem Begleichen der Rechnung bald ins Bett.

Dienstag, 4. Juni 2013
Cravant - Vézelay (35 km)

Ich sehne mich nach dem Ende des nächsten Teilstücks auf dem Weg nach Santiago de Compostela. Wir erreichen heute mit Vézelay einen mittelalterlichen Wallfahrtsort, der noch heute einer der vier bedeutenden Sammelpunkte der Jakobspilger in Frankreich in Richtung Pyrenäen darstellt. Vor uns liegen 34 Kilometer, zum Teil entlang des Flusses Cure, zum Teil auch auf den Höhenzügen in der Nähe. Jörg und ich waren uns schon seit einiger Zeit einig, aufgrund der Streckenlänge früh loszumarschieren. Das bedeutet allerdings auch der Verzicht auf das Frühstück in der Hostellerie. Gegen 6.45 Uhr stehen wir mit unseren Rucksäcken auf der Straße, ich wieder mit Sandalen an den Füßen. Es geht zunächst an der Église Saint-Pierre-Saint-Paul, einem Kriegerdenkmal und einem Waschhaus entlang. Hinter Cravant haben wir das Vergnügen, auf einem schmalen Pfad eine Hochebene zu erklimmen. Oben angekommen, werden wir von der aufgehenden Sonne begrüßt. Als Lohn für die erste Müh´ am frühen Morgen verlieren wir wieder an Höhe und erreichen das Örtchen Accolay. Bevor wir die Cure überqueren, werden wir durch ein Hinweisschild an der Brücke mit Informationen versorgt, wo sich Pilger im Dorf versorgen können. So füllen wir in der angegebenen Bäckerei unseren Brotvorrat auf und wandern anschließend an der Cure entlang.

In Bessy-sur-Cure wechseln wir auf die D227 und erreichen nach einer weiteren halben Stunde Arcy-sur-Cure, das wegen seiner steinzeitlichen Höhlenmalereien bekannt ist. Am Friedhof finden wir zwei Bänke vor und legen hier nach den ersten zwölf Kilometern eine kurze Rast ein. Eigentlich sollte der Weg am Eingangsbereich der Haupthöhle entlangführen… Wir verpassen jedoch die Hinweise, wie man dorthin gelangt und vertrauen lieber den rot-weißen Balken, den Wegzeichen des GR645. Es geht aus Arcy heraus, wiederum auf eine Höhe und dann durch Wald. Allmählich macht sich ein Hungergefühl in der Magengegend breit. Ein Bocadillo wäre jetzt nicht schlecht. In Anlehnung an Hape, dessen Hörbuch wir gestern Abend gelauscht haben, sage ich zu Jörg: „Dann bestell´ dir doch eins beim Universum!" Unser Waldweg beschreibt einen großen Bogen durch ein Tal, in dem sich die Cure schlängelt. Der Belag unter unseren Füßen wird grober und wir verlieren wieder an Höhe. Als wir aus dem Wald heraustreten, sehen wir vor uns steile Felswände mit zahlreichen Höhlen darin. An einer Bahntrasse wagen wir einen Blick auf die Landkarte. Wir stellen fest, dass wir gerade den Weg heruntergegangen sind, der laut Pilgerführer von den Höhlen von Arcy kommend genau in die entgegengesetzte Richtung führen soll. Nach weiterem Kartenstudium entscheiden wir uns für eine Alternative, die wie die beschriebene Route zu den Ruinen der römischen Befestigungsanlage Camp de Cora und der sich anschließenden D950 führt.

Von der Eisenbahnbrücke über die Cure laufen wir gut zwei Kilometer bis zum Dorf St. Moré. Und dort begegnen wir dem Universum in Form der Bar „Auberge du Camp de Cora". Wir sind total begeistert und lassen uns auf der Terrasse nieder. In der Bar werden wir vom etwas flippigen Wirt per Handschlag begrüßt und bestellen uns etwas zu trinken und je ein Sandwich mit Wurst. Was wir dann serviert bekommen, schlägt sämtliche Rekorde: auf jedem Teller liegt ein halbes Riesenbaguette mit dickem Belag. Das Universum hat geliefert! Wir lassen uns diesen Mittagssnack schmecken und genießen dazu die wärmende Sonne. Nach einer halben Stunde brechen wir wieder auf und folgen den GR-Markierungen. Im Dorf wird gerade eine Straße asphaltiert, sodass wir mehr auf unsere Füße achten denn auf Wegzeichen. Und so ist schon beinahe vorprogrammiert, dass wir nicht mehr weiter wissen. Ein älteres Ehepaar in seinem Auto erkennt wohl unsere Ratlosigkeit, leitet uns zu seinem Haus und zeigt uns den richtigen Weg. Das Angebot für einen Kaffee lehnen wir aufgrund der gerade absolvierten Pause dankend ab und machen uns lieber an den Aufstieg zu den immer noch imposanten Grundmauern des römischen Kastells. Über die D950 sowie eine weitere kleine Landstraße erreichen wir das Dorf La Jarrie und befinden uns wieder auf der beschriebenen Route. Kurz darauf passieren wir die Siedlung Les Hérodats und treffen dort zwei Niederländer, die gerade eine Rast einlegen. Die beiden sind in Reims gestartet und wollen wie wir nach Vézelay, eventuell auch noch weiter.

Nach einer kurzen Unterhaltung laufen wir steil bergab in ein Tal hinein. Auf halbem Weg können wir bereits am Horizont Vézelay erkennen. In Asquins hoffen wir auf eine geöffnete Église St. Jacques le Majeur aus dem 12. Jahrhundert, doch wir werden leider enttäuscht. Wir finden im Ort eine Bar und trinken eine Cola und essen ein Eis. Nun steht nur noch der Aufstieg nach Vézelay bevor. In Asquins treffen wir erneut die beiden Niederländer, mit denen wir das letzte Stückchen gemeinsam gehen und unsere Unterhaltung von vorhin fortsetzen. Kurz vor der „Port Neuve" aus dem Spätmittelalter bleiben die beiden etwas zurück. Der Kern des Wallfahrtsortes besteht aus einer langen Straße, die sich ansteigend bis zur Basilika „St. Marie Madeleine" emporzieht. Kurz vor der Basilika befindet sich das Pilgerbüro. Dort holen wir uns den Pilgerstempel ab und wir treffen zum dritten Male die Niederländer. Jörg besorgt sich zudem noch einen neuen Pilgerausweis.

Danach machen wir uns auf die Suche nach unserer Unterkunft. Da wir sie nicht auf Anhieb finden, versuchen wir es in der Tourist-Info, die im unteren Teil der Stadt angesiedelt ist. Die Auskunft ist eindeutig: das Haus Cabalus aus dem 10. Jahrhundert befindet sich schräg gegenüber dem Pilgerbüro in Blickweite zur Basilika, also wieder aufwärts. Wir werden von Madame, einer Schweizerin, eingelassen. Sie führt das Haus bereits seit siebenundzwanzig Jahren und betreibt neben der

Herberge im geschmackvoll eingerichteten Untergeschoss ein Café und eine Teestube. Der Slogan des Hauses trifft den Nagel auf den Kopf. Man taucht tatsächlich in eine ganz andere Welt ein, ohne jedoch auf moderne Errungenschaften wie Dusche und elektrisches Licht verzichten zu müssen. Auch im Mittelalter wurden hier Pilger aufgenommen. Davon zeugt noch eine Jakobsmuschel über einem Türsturz. Madame führt uns über verzweigte Gänge und schmale Treppen zu unserem Zimmer im oberen Stockwerk.

Das Zimmer ist sehr spärlich eingerichtet, versprüht dadurch aber eine besondere Atmosphäre. Der Holzboden ist mit kleinen, rötlichen Fliesen belegt, die Wände sind unverputzt. Die Betten sehen aus wie Strohsäcke, die mit einer Tagesdecke überzogen sind. Tatsächlich sind sie mit guter Bettwäsche versehen, in der wir sicherlich gut schlafen werden. Hinter einem Holzverschlag sind das Waschbecken und die Dusche versteckt. Hier fühle ich mich richtig wohl, in einer anderen Welt eben. Nach einer erfrischenden Abkühlung unter der Dusche machen wir einen kleinen Rundgang um die Basilika und durch die Stadt. In einer Bar bestellen wir uns einen Kaffee und einen Kakao. Während wir das Geschehen auf der Straße beobachten, entdecke ich auf der Rückseite des Stadtplans, den wir in der Tourist-Info erhalten haben, die Gottesdienstzeiten der Basilika. So beschließe ich für mich, um 18.00 Uhr zur Vesper und dem anschließenden Gottesdienst zu gehen. In der Zwischenzeit will Jörg in einem kleinen Shop für das Abendessen einkaufen, das wir heute Abend in unserem Zimmer einnehmen wollen.

Ich betrete die Basilika über die sehr dunkel gehaltene Vorhalle. Je weiter ich mich in Richtung Altar bewege, desto mehr Licht verströmt sich in dem Gotteshaus. In den Stuhlreihen haben sich circa vierzig weitere Frauen und Männer eingefunden. Vor dem Altar haben sich jeweils sieben in weiße Roben gehüllte Nonnen und Mönche von der „Fraternités de Jérusalem" zum Gebet niedergelassen. In der Basilika herrscht eine angenehme Stille. Die Ordensleute erheben sich und beginnen mit der Vesper. Dabei singen sie ihre Gebete in einer Schönheit, wie ich sie selten gehört habe. Der engelsgleiche Gesang ergreift mich, lässt alles um mich herum verschwimmen. Ich lasse mich von den Stimmen einfangen. Jetzt wird mir so richtig klar, wo ich bin. In Wetzlar bin ich 2008 gestartet. Jetzt bin ich rund 850 Kilometer weiter westlich in Vézelay angekommen. Mir läuft es eiskalt den Rücken runter und meine Augen werden feucht. In dieser Kirche haben sich über Jahrhunderte Pilger und Wallfahrer versammelt. Ich fühle mich in ihrer Tradition, sauge förmlich ihre Schatten auf. Die Ordensleute singen weiter und ich falle immer tiefer in die Vergangenheit. Inzwischen hat der Gottesdienst begonnen.

Ein Mönch geht mit dem Weihrauchfass durch den Mittelgang. Ich verstehe zwar sehr wenig, was der Zelebrant spricht, dafür reicht mein Französisch nicht aus. Aber ich fühle mich trotzdem mitten drin. Ich werde noch unruhiger. Nach dem „Vater unser" schwärmen alle Ordensleute aus und geben den Friedensgruß an jeden einzelnen Gottesdienstbesucher weiter. So berühre ich vierzehn Mal ein Paar Hände, alte und junge. Dabei schaue ich in vierzehn strahlende, glückliche Augenpaare, wie ich sie selten gesehen habe. Aus diesen Augen spricht ein tiefer Glaube, der ansteckt, den ich bewundere. Bei der Kommunion darf sogar jeder, der möchte, einen Schluck aus dem Kelch nehmen. Das habe ich zuhause so noch nicht erlebt und ich empfinde ein noch intensiveres Zugehörigkeitsgefühl als vorher. Zum Abschluss des Gottesdienstes lassen sich die Ordensleute noch einmal zum stillen Gebet nieder. Ich bin dankbar, dass ich die Gelegenheit hatte, diese rund neunzig Minuten in der Basilika verbringen zu dürfen. So emotional hat mich auf meiner bisherigen Pilgerreise noch kein Ereignis berührt. Es ist das i-Tüpfelchen auf allen Teilstücken, an das ich mich sicherlich noch sehr lange und sehr gerne erinnern werde.

Auf dem Heimweg zur Unterkunft bin ich noch immer begeistert und schwebe über dem Kopfsteinpflaster. Gegen 19.30 Uhr betrete ich unser Zimmer. Passend zu meiner Stimmung hat Jörg ein gemütliches Abendessen vorbereitet. Wir lassen uns viel Zeit und genießen die eingekauften Speisen: Brot, Tomaten, Leberpastete, Käse, Salami, Schokolade und eine Flasche Chablis-Wein. Als Absacker mischen wir Calvados mit Cola. Es wird ein schöner Abend. Wir lassen noch einmal die letzten Tage Revue passieren, lachen herzhaft über das kalte und nasse Wetter der ersten Tage. Wir schmieden aber auch schon Pläne für die Zukunft. Ab Vézelay geht es in zwei Jahren weiter, danach ebenfalls im Zweijahresrhythmus. Unser Ziel wird sein, jeweils circa dreihundert Kilometer zu schaffen, um dann 2020 ab Saint Jean-Pied-de-Port den Camino Francés komplett zu gehen. Gegen 22.00 Uhr legen wir uns ins Bett und schlafen rasch ein.

Unendliche Weiten - kurz vor Tissey

Blick auf den Étang de Beines

Kathedrale St. Etienne in Auxerre

Am Canal du Nivernais in Richtung Cravant

Rundgang durch Cravant

Höhlen von Saint Moré

Abendgottesdienst in der Basilika St. Marie-Madeleine in Vézelay

Abendessen in unserem Zimmer in Vézelay

Basilika St. Marie-Madeleine in Vézelay

Meine Etappen nach Santiago de Compostela

Datum	Etappenorte	Strecke
06.10.2008	Wetzlar - Weilburg	31 km
07.10.2008	Weilburg - Villmar	24 km
14.05.2009	Villmar - Runkel	8 km
15.05.2009	Runkel - Diez	15 km
04.06.2009	Diez - Obernhof	30 km
13.07.2009	Obernhof - Bad Ems	26 km
14.07.2009	Bad Ems - Friedrichssegen	13 km
20.07.2009	Friedrichssegen - Alken	34 km
31.07.2009	Alken - Treis-Karden	24 km
28.09.2009	Treis-Karden - Bullay	29 km
14.12.2009	Bullay - Traben-Trarbach	26 km
05.07.2010	Traben-Trabach - Klüsserath	37 km
06.07.2010	Klüsserath - Trier	35 km
07.07.2010	Trier - Merzkirchen	32 km
14.06.2011	Merzkirchen - Schengen	24 km
15.06.2011	Schengen - Kédange-sur-Canner	32 km
16.06.2011	Kédange-sur-Canner - Metz	32 km
17.06.2011	Metz - Pont-á-Mousson	38 km
18.06.2011	Pont-á-Mousson - Dieulouard	12 km
21.05.2012	Dieulouard - Liverdun	27 km

Datum	Etappenorte	Strecke
22.05.2012	Liverdun - Nancy	20 km
23.05.2012	Nancy - Toul	28 km
24.05.2012	Toul - Montigny-les-Vaucouleurs	25 km
25.05.2012	Montigny - Grondecourt-le-Château	18 km
26.05.2012	Cirfontaines-en-Ornois - Joinville	24 km
27.05.2012	Vignory - Colombey-les-Deux-Églises	25 km
28.05.2012	Colombey-les-Deux-Églises - Clairvaux	14 km
28.05.2013	Clairvaux - Essoyes	25 km
29.05.2013	Essoyes - Les Riceys	18 km
30.05.2013	Les Riceys - Étourvy	22 km
31.05.2013	Ètourvy - Tonnerre	20 km
01.06.2013	Tonnerre - Chablis	18 km
02.06.2013	Chablis - Auxerre	20 km
03.06.2013	Auxerre - Cravant	20 km
04.06.2013	Cravant - Vézelay	35 km

Bisherige Veröffentlichungen

Unterwegs nach Santiago - Band 1: Auf dem Jakobsweg von Wetzlar nach Trier
Books on Demand, ISBN 978-3-8423-2679-8, 104 Seiten,
35 Farbbilder, 3. Auflage 2016, Preis 9,90 € (eBook 6,99 €)

Unterwegs nach Santiago - Band 2: Auf dem Jakobsweg von Trier nach Vézelay
Books on Demand, ISBN 978-3-7322-8037-7, 112 Seiten,
43 Farbbilder, 2. Auflage 2016, Preis 11,90 € (eBook 8,99 €)

Unterwegs nach Santiago - Band 3: Auf dem Caminho Português von Porto nach Santiago de Compostela
Books on Demand, ISBN 978-3-7392-1585-3, 100 Seiten,
54 Farbbilder, 1. Auflage 2016, Preis 9,90 € (eBook 6,99 €)

Unterwegs auf dem Eifel-Camio - Der Pilgerwanderführer für den Jakobsweg von Andernach-Namedy nach Trier
Books on Demand, ISBN 978-3-8423-7082-1, 136 Seiten,
46 Farbbilder, 1. Auflage 2011 *(nicht mehr erhältlich)*

Linksrheinischer Jakobsweg von Köln nach Bingen
Conrad Stein Verlag, ISBN 978-3-86666-464-1, 128 Seiten,
42 Farbbilder, 1. Auflage 2014, Preis 9,90 €

Eifel-Camino von Andernach-Namedy nach Trier
Conrad Stein Verlag, ISBN 978-3-86686-489-4,
erscheint im April 2016